Les Graminées
du jardin

Les Graminées
du jardin

Annie Lagueyrie
Photos : Philippe Maviel

Éditions Rustica

© 2002, Éditions Rustica, Paris
ISBN : 2-84038-426-4
N° d'éditeur : 48349
Dépôt légal : mars 2002

Sommaire

Préface

A près avoir planté plusieurs espèces de bambous – qui sont aussi des graminées – je me demandai quels types de plantes j'allais utiliser pour constituer un ensemble harmonieux et suffisamment varié dans mon jardin. J'ai acheté, sur un banal coup de cœur, un petit miscanthus dans un godet. Dès la saison suivante, j'ai su que j'avais trouvé le type de plantes que je cherchais : le port, la lumière changeante dans le feuillage, les caresses du vent, une floraison spectaculaire, certes peu colorée, mais « tenant » tout l'hiver… Miracle, cette graminée inconnue s'accordait aussi merveilleusement aux rosiers qu'aux bambous, allégeait les massifs d'arbustes compacts et mettait en valeur toutes les plantes à grosses feuilles et à grosses fleurs.

Je m'engageai donc avec frénésie dans le monde des graminées. En 1994, j'expérimentais déjà et produisais plus de cent espèces ou cultivars de cette immense famille botanique. J'en élève maintenant quatre cent quarante ! Depuis cinq ou six ans, il n'est de journal, de revue, de livre sur les jardins qui ne parle, très souvent, des graminées. Las ! les Français se sont montrés méfiants – à part quelques jardiniers hardis de Limoges, de Strasbourg, de Bretagne, de Paris ou de Sisteron – et les utilisent encore très peu, contrairement à nombre de nos voisins européens. Est-ce la crainte des mauvaises herbes ?

Rassurons-nous. Il en existe beaucoup de bonnes et même de très bonnes, dans une si grande variété de port, de hauteur et de couleur qu'on peut les employer dans de nombreuses situations dans tous les jardins : plantes isolées, structurantes, couvre-sol, haies hautes ou basses, bouche-trous. La plupart sont aussi belles en hiver qu'en été ou en automne, et, même sèches, ont une présence au jardin qui vient égayer les rameaux nus des arbustes caducs aussi bien que la lourdeur un peu triste des conifères. Et quel merveilleux outil pour créer des contrastes ! Les fleurs des miscanthus évoluent bien et dressent leurs panicules lumineuses, certaines pendant huit mois, de la floraison en été à la montée des nouvelles pousses en avril (qui dit mieux ?), pendant que les panicums offrent au vent leurs chevelures vaporeuses presque aussi longtemps.

De surcroît, nos amies sont de culture facile, sans maladies, sans corvée d'arrosage et sans entretien pour la plupart.

Pour les faire mieux connaître, Philippe Gontier, Bernard Le Neindre et moi-même avons fondé en mai 1999 une association : le Groupement des Amateurs de Graminées (GRAMAGR), qui se décline avec le même sigle en anglais et en allemand. Elle réunit maintenant des amateurs de toutes les régions de France et quelques adhérents prestigieux de l'étranger.

Aussi avons-nous salué avec un grand plaisir ce projet de livre sur les graminées. Nous souhaitons que le lecteur partage notre plaisir. Quelques-uns d'entre nous ont collaboré, un tout petit peu, au travail d'Annie Lagueyrie et de Philippe Maviel, seulement en guidant leurs pas dans nos jardins, à toutes les saisons. Ils ont été infatigables, leur enthousiasme nous a réconfortés.

Grâce à ce livre, nous espérons que les graminées vont s'arracher, au sens figuré bien sûr !

Michel Bonfils,
au nom des membres du GRAMAGR

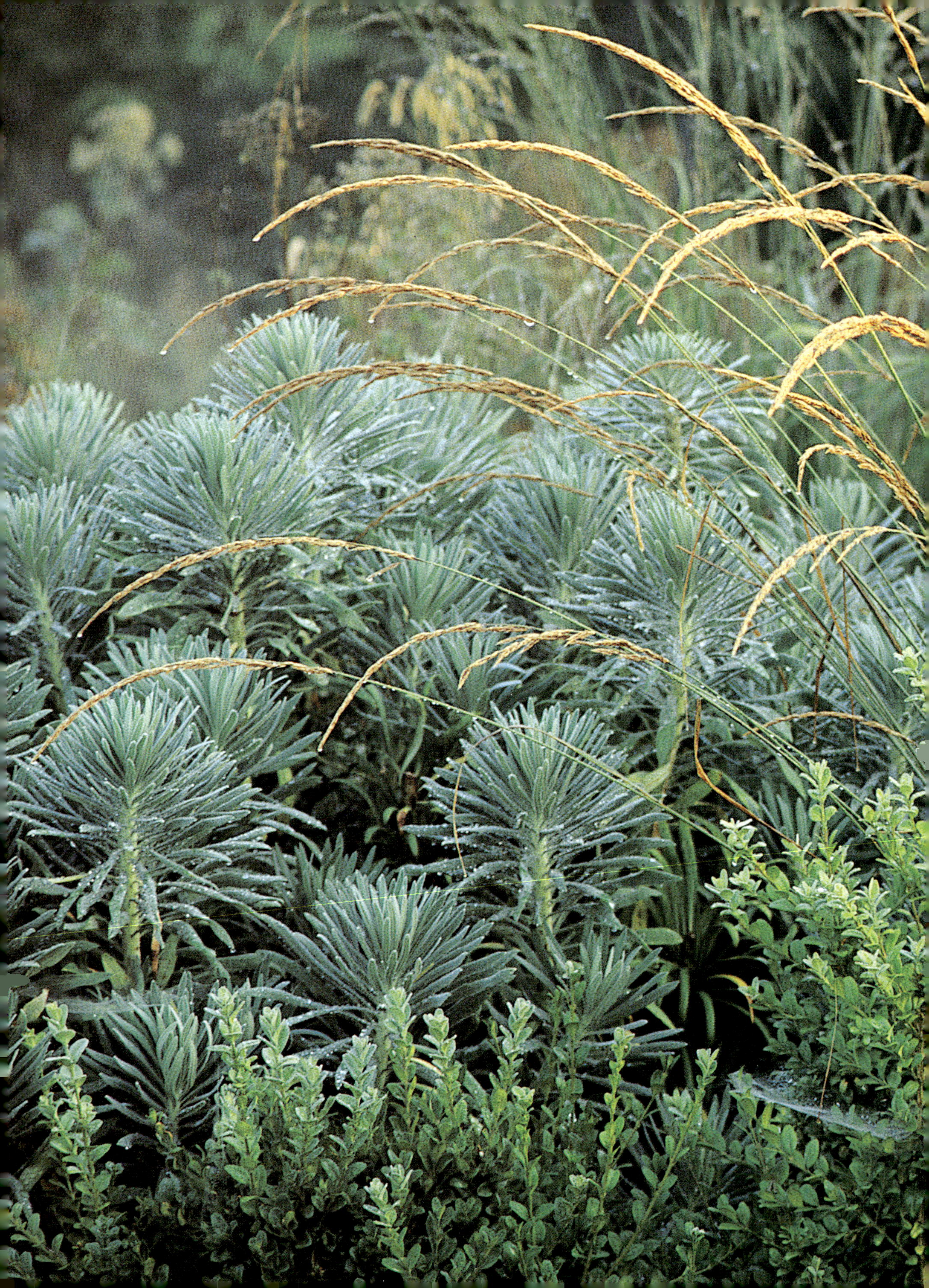

À la découverte des graminées

Les graminées formaient encore il y a peu de temps une grande famille de plantes que les botanistes ont divisé en trois : les Poacées, les Joncacées et les Cypéracées. Mais la botanique manque souvent de poésie ! Pour vous présenter les graminées, nous préférerions réveiller en vous des souvenirs d'herbes folles, vous rappeler l'odeur des foins coupés, le bord d'une route de campagne ou la blondeur des blés.

La nature et les champs en sont peuplés. Fines, gracieuses, lumineuses et sans cesse en mouvement, elles créent un spectacle ravissant qui ne pouvait pas laisser les jardiniers indifférents.

Pépiniéristes et horticulteurs ont donc sélectionné des espèces venues du monde entier, particulièrement décoratives, gracieuses, faciles et colorées, adaptées à nos jardins.

Ce premier chapitre vous permettra de découvrir l'histoire de ces plantes, ce qui les relie aux hommes et ce qui fait leur charme. Tout en elles est singulier, leurs fleurs aériennes, leurs feuilles frémissantes, leur rapport si particulier au soleil et au vent.

Découvrir les graminées, c'est aussi redécouvrir la nature et l'inviter au jardin.

Une famille qui bouge

Une graminée ne forme pas de bois : c'est une plante herbacée (qui a l'apparence de l'herbe). La plupart des graminées cultivées sont des plantes vivaces capables de vivre de nombreuses années. Certaines conservent un feuillage toujours vert, mais dans beaucoup de cas, il se dessèche durant l'hiver sous l'effet du froid. La souche survit sous terre, produit des bourgeons puis de nouvelles pousses chaque printemps. Aujourd'hui les Graminées ont été divisées en trois familles : les **Poacées** (ou Graminées vraies), les **Joncacées** et les **Cypéracées**. Ces plantes possèdent une allure caractéristique, des feuilles étroites, très allongées, aux bords et aux nervures parallèles. Leurs fleurs minuscules aux couleurs discrètes, sans pétales, sont regroupées en bouquets ou en épis. Actuellement, on emploie le terme graminées pour désigner ces trois familles.

Pour éviter toute confusion, il est de coutume d'appeler chaque plante par son nom. La botanique s'y emploie en classant d'abord les végétaux en grandes familles, qui évoluent au cours du temps, au gré des recherches et de la découverte de nouvelles espèces. Les quelques notions qui suivent se proposent simplement de préciser les termes et appellations employés dans cet ouvrage.

Prairies, pelouses et doux épis

△ Les graminées constituent la plus grande part de nos prairies.

Les **Poacées** se reconnaissent sur le plan botanique à leurs tiges cylindriques creuses et marquées à intervalles réguliers par de légers renflements appelés nœuds, très faciles à observer. C'est à ce niveau que s'insèrent les feuilles au moyen d'une gaine entourant le nœud.

Cette vaste famille entre notamment dans la constitution de nos prairies et nos pelouses. Les roseaux en font également partie. Dans les parcs et jardins, les plus célèbres sont l'herbe de la pampa, les fétuques bleues, les stipas « cheveux d'ange » et bien sûr les bambous.

Entre joncs et marais

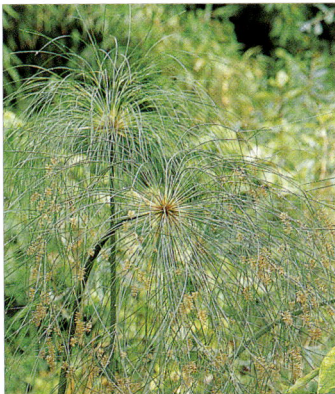

Carex pendula, au feuillage vert, colonise les sous-bois frais.

Dans les jardins, les carex, appelés communément laîches, sont les principaux représentants de la famille des **Cypéracées**, qui compte notamment les *Cyperus* dont le célèbre *Cyperus papyrus.* Les tiges, de section triangulaire pour la plupart, portent au sommet les épis mâles, distincts des épis femelles insérés plus bas.

Joncacées et **Cypéracées** ne comprennent pas de nœud. Ces deux familles se rencontrent plus souvent que les **Poacées** en terrain frais ou même carrément humide. Celle des **Joncacées** regroupe les joncs et les luzules. Les **joncs**, familiers dans les zones marécageuses, présentent de fines feuilles cylindriques qui ressemblent à des tiges. Les fleurs, groupées en bouquets, sont portées au sommet, apparemment sur le côté. Les **luzules**, précieuses pour orner les endroits ombragés, se reconnaissent aux poils blancs de leurs feuilles, plus ou moins visibles.

Les graminées ornementales

Les bambous faisant l'objet d'ouvrages entiers, nous traiterons surtout des autres **Poacées**, qui ont donné naissance à la plus grande partie des graminées ornementales et qu'il est facile de cultiver dans la quasi-totalité des jardins d'agrément. **Joncacées** et **Cypéracées** trouvent davantage leur place dans des décors

Originaire d'Afrique, *Cyperus papyrus* (Cypéracée) doit être protégé du froid.

aquatiques ou éventuellement de sousbois. Leurs forts besoins en eau réduisent pour l'instant leur utilisation mais certains genres comme celui des carex ne peuvent être ignorés dans un ouvrage sur les graminées. Audelà des classifications botaniques, c'est surtout l'aspect décoratif de toutes ces plantes qui motive le propos.

L'espéranto du monde végétal

Si cette langue imaginaire qui devait faciliter la communication entre les peuples est restée à l'état de rêve, son équivalent dans le monde des plantes fonctionne parfaitement. Le système de dénomination des plantes proposé par Linné, botaniste suédois du XVIIIe siècle, emploie des noms latins ou grecs latinisés, quel que soit le pays. Ainsi le nom de chaque espèce comprend-il deux parties : la première est le nom du genre, qui commence toujours par une majuscule (*Arundo*) ; la seconde est le nom d'espèce, un adjectif qui s'écrit en lettres minuscules et s'accorde avec le nom du genre (*donax*). Les noms usuels français sont sources de confusion. Par exemple, *Arundo donax* désigne en français la canne de Provence, qualifiée parfois de roseau, tout comme *Phragmites australis* ou même *Miscanthus sinensis*, nommé quelquefois roseau de Chine. C'est pourquoi il est toujours préférable de préciser le nom botanique latin.

Céréales nourricières dans les champs, les graminées sont entrées au jardin pour notre seul plaisir.

Des graminées

Devenues indispensables à l'homme, les graminées ont influencé son évolution et lui restent liées bien plus que d'autres plantes.
Elles occupent ainsi une place à part.
Utilisées depuis la préhistoire pour l'alimentation, elles façonnent des paysages entiers et ont tout naturellement trouvé l'entrée de nos plus beaux jardins.

Des plantes nourricières

L es céréales sont quasiment toutes des graminées, et c'est en apprenant à les cultiver depuis la préhistoire que les hommes ont commencé à vivre de manière sédentaire, abandonnant peu à peu leur quête incessante de gibier. Le blé en Europe, le maïs en Amérique, le riz en Asie, le mil en Afrique, la canne

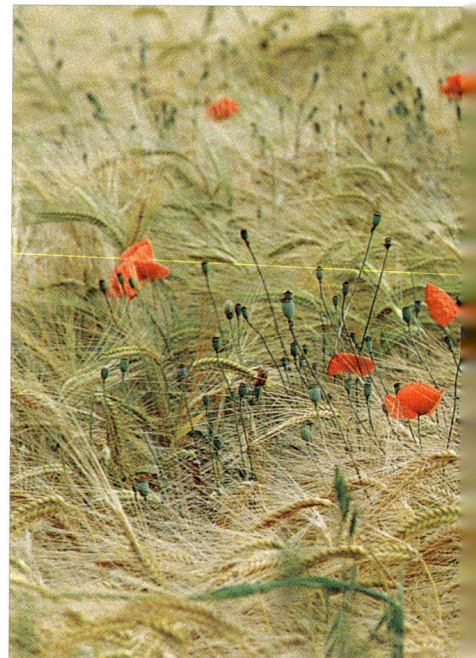

Orge cultivé et coquelicot vagabond : une association de hasard pour une image poétique.

à sucre aux Antilles : chaque continent possède sa graminée cultivée sur de vastes étendues, à laquelle il faut ajouter toutes celles destinées à nourrir le bétail.

Paysage de graminées

L'homme a ainsi façonné des paysages entiers de graminées en les cultivant ou en laissant tout simplement pousser la végétation naturelle formant prés, prairies et alpages destinés au pâturage. Le succès des graminées en la matière provient de la capacité de leurs feuilles à croître continuellement à partir de la base, de sorte que si leur extrémité est broutée (ou fauchée) elles se régénèrent en produisant de nouveaux tissus. Peu d'autres plantes sont capables de résister à de tels trai-

Le jardin de l'Atlantique, à Paris, met en scène de nombreux graminées.

tements. Cela explique également leur emploi dans les pelouses si l'on y ajoute le fait que nombre d'entre elles (pâturin, fétuque, ray-grass) restent vertes en toute saison. De plus, les graminées du gazon se développent facilement en largeur et d'autant plus qu'elles sont tondues. Elles sont ainsi sélectionnées pour former de beaux tapis bien épais.

et des hommes

Les graminées dans les jardins

Pennisetum setaceum apporte beaucoup de grâce aux massifs fleuris traditionnels.

Cependant, de très nombreuses graminées poussent en touffes compactes qui s'étendent très peu ou lentement, ne devenant jamais envahissantes et sachant rester à la place que le jardinier leur a donnée. Leur silhouette longiligne, leurs feuilles minces et leurs épis gracieux demeurant parfois décoratifs plus de six mois par an intéressent considérablement paysagistes et architectes, qui les utilisent à présent dans l'aménagement des parcs, des espaces publics et des ronds-points. Des pépiniéristes passionnés et des associations d'amateurs s'attachent aussi à les faire connaître au grand public par le biais notamment d'expositions et de fêtes des plantes. C'est à coup sûr une bouffée de nature, de grâce et de simplicité qui souffle à présent sur nos jardins l'esprit du troisième millénaire.

Vent d'est, vent d'ouest

Par rapport à la France, les graminées ornementales ont jusqu'à présent suscité davantage d'intérêt à l'ouest (États-Unis et Grande-Bretagne) ou à l'est (Allemagne et Pays-Bas). La recherche de nouvelles formes y est particulièrement active. On en doit par exemple un grand nombre à Karl Foerster ou à Ernst Pagels, ce qui explique que beaucoup de noms de variétés soient à consonance germanique. Prise entre ces deux courants, la France est à présent heureusement contaminée ! Les pépinières Lepage, qui furent parmi les premières à proposer des graminées à la vente, ont poursuivi leur effort pour faire connaître cette famille. Il existe d'ailleurs depuis 1995 un *Miscanthus sinensis* 'Emmanuel Lepage'. En septembre 2001, trois nouveaux miscanthus français ont été baptisés à Montpellier, créés par Gérard Chave, membre du Groupement des Amateurs de Graminées.

Des fleurs au charme

Afin de goûter au charme des graminées, fermez les yeux, juste le temps nécessaire pour oublier tout ce que vous savez sur les fleurs… Dans ce monde, point de couleurs tapageuses, de pétales démesurés ou de lourds parfums. Imaginez plutôt une force née de la terre qui s'élance à la rencontre du vent, parée d'inflorescences vaporeuses, auréolée de soies et de lumière.

De véritables bouquets

Les fleurs des graminées sont minuscules, groupées en inflorescence, et, selon leur forme, on peut les qualifier d'épi quand elles sont très serrées près de la tige. L'effet est plus lâche et léger si les fleurs sont portées par une petite tige secondaire (pédicelle) comme sur une grappe de raisin. Les pédicelles étant souvent ramifiés, l'ensemble forme dans la plupart des cas une panicule à l'aspect variable, plus ou moins dense ou aéré.

En août, les inflorescences de *Miscanthus sinensis* 'Undine' forment un gros bouquet argenté. ▶

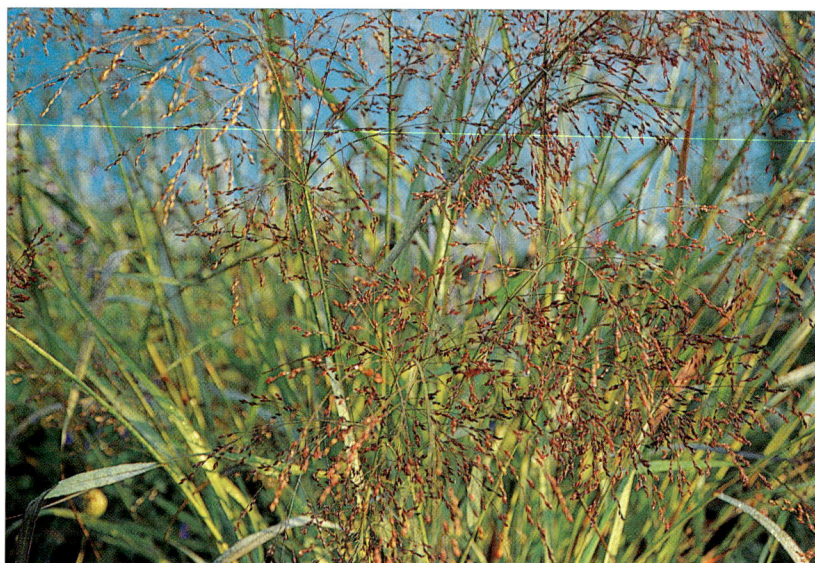

Panicum virgatum 'Squaw' déploie des panicules très aérées.

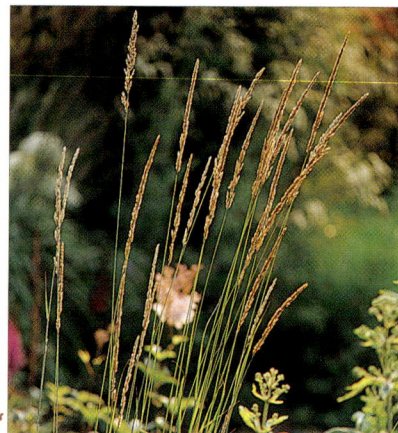

Les épis de *Calamagrostis acutiflora* 'Karl Foerster' sont fins et serrés. ▲

particulier

Des fleurs dans le vent

Beaucoup de plantes ont besoin des insectes pour assurer leur pollinisation et donc leur reproduction. Afin de les attirer dans leurs corolles, elles développent des fleurs aux couleurs vives ou bien parfumées. Les graminées, ayant recours à un autre allié, le vent, se sont adaptées différemment. Vous n'y trouverez rien qui évoque une corolle ou un pétale. Vous penserez même que les graminées ne forment pas de véritables fleurs. Elles n'ont conservé que les organes utiles à la reproduction, entourés d'appendices divers destinés à assurer la prise au vent : longues barbes, soies, etc. Leurs formes sont ainsi davantage profilées et légères que vivement colorées afin que le moindre souffle d'air suffise à les balayer et à emporter avec lui les grains de pollen vers les stigmates reproducteurs.

Sur le plan esthétique, on dirait bien que les graminées ont la propriété de « visualiser les courants d'air »...

▽ *Miscanthus sinensis* 'Étincelle', une nouveauté dans le vent...

Des épis changeants

L'apparition des épis marque le début de la floraison, à une époque variable selon les espèces. Les floraisons les plus spectaculaires ont lieu en été sur des plantes hautes : *Calamagrostis acutiflora* en juin, les grandes molinies en juillet et les miscanthus ou les herbes de la pampa d'août à octobre.

Quand ils se déploient, les épis sont souvent très colorés car les fleurs, même petites, sont très nombreuses. On voit des fleurs très rouges chez les miscanthus, d'un bleu-violet chez les fétuques ou pourpre violacé chez la petite molinie (*Molinia caerulea* 'Variegata'). Puis les fleurs fanent, le pollen se disperse, mais l'inflorescence persiste. Certains épis changent de forme et les couleurs s'adoucissent dans des tons de brun, d'argent ou de paille. Un nouveau décor s'installe alors durablement, les graminées portant en automne et jusqu'en hiver d'authentiques bouquets secs.

Des plus petites aux plus grandes

Chaumes élancés et feuilles linéaires donnent aux graminées des silhouettes très caractéristiques bien différentes de celles des plantes d'ornement plus traditionnelles.

Leur intégration dans un jardin apporte donc un caractère de nouveauté, d'originalité et peut ajouter une note complémentaire à l'harmonie du lieu.

Leurs dimensions sont suffisamment variées pour convenir à tous les espaces.

En long...

De nombreuses graminées permettent d'obtenir assez rapidement des plantes de belle hauteur, de 2 m et plus, jusqu'à 4 m pour les cannes de Provence. Et vous n'aurez pas à patienter bien longtemps, environ deux à quatre ans après la plantation selon le climat et la nature du sol. C'est le temps qu'il faut à toute plante vivace pour s'installer et atteindre sa taille adulte. L'encadré de la page suivante présente quelques graminées classées par hauteur, montrant l'éventail des possibilités. Le chiffre retenu est celui des plantes en fleur.

Miscanthus floridulus constitue vite de grands écrans, mais fleurit peu dans le nord de la France.

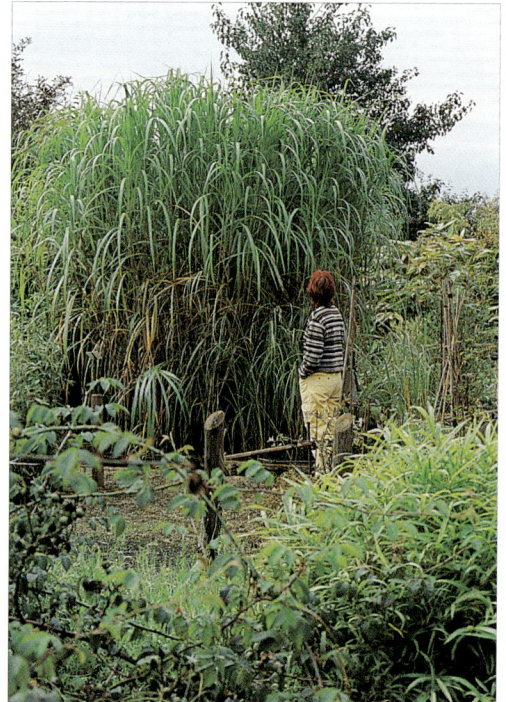

... et en large

La plupart des catalogues et des étiquettes en magasin indiquent la hauteur des plantes, mais la largeur est tout aussi importante, sinon plus. Elle permet de respecter des distances de plantation suffisantes pour rendre possible un épanouissement complet de la plante afin qu'elle ne risque pas de se trouver rapidement étouffée ou, à l'inverse, d'envahir ses voisines. Ce développement en largeur est dû à deux facteurs bien distincts.

Pennisetum alopecuroides 'Japonicum' est plus large que haut.

Certaines graminées comme *Poa labillardieri* ou *Festuca mairei* possèdent des chaumes souples et gracieusement arqués leur donnant un port rond, plus large que haut. D'autres plantes, au contraire, possèdent des tiges dressées, mais s'étendent en largeur à partir de la base en donnant naissance à de nouvelles pousses en périphérie. Elles sont issues de rhizomes qui s'étendent sous terre à l'horizontale.

Les graminées ornementales présentées dans cet ouvrage possèdent en majorité des rhizomes courts qui ne s'étendent pas loin de la plante. Il existe bien sûr des exceptions comme certains phalaris ou *Leymus arenarius*, dont les tempéraments colonisateurs doivent être connus et mis à profit.

Haute et effilée, *Molinia arundinacea* 'Windspiel' offre une silhouette nettement dressée.

Les chaumes souples de *Molinia arundinacea* 'Transparent' ondulent largement sous l'effet du vent.

C'est en associant des formes complémentaires qu'on apporte de la variété dans une scène de jardin. Pour une même hauteur, deux graminées peuvent prendre des allures tout à fait différentes. Certaines, au feuillage dense et haut, notamment les miscanthus, font écran et constituent de magnifiques toiles de fond pour un massif fleuri. À l'opposé, les hauts épis de *Stipa gigantea* jaillissent d'une petite touffe de feuilles. L'ensemble restant aéré et comme transparent, rien n'empêche de disséminer ces plantes à l'intérieur d'un massif. Elles s'y dresseront comme de grands points d'exclamation, sans dissimuler l'arrière-plan. En plantant des graminées, vous pourrez donc oublier la recette classique de la photo de famille, « les grands derrière et les petits devant » !

Quelques graminées faciles à cultiver classées par hauteur

De 3 à 4 m (ou plus)	De 1,80 à 2 m	De 1,20 à 1,50 m	De 0,60 à 1 m	De 40 à 60 cm	30 cm ou moins
Canne de Provence (*Arundo donax*), Herbe de la pampa (*Cortaderia selloana*), *Miscanthus floridulus*	*Miscanthus sinensis* 'Malepartus' ou 'Silberfeder', *Molinia caerulea* 'Transparent' ou 'Bergfreund', *Stipa gigantea*	*Calamagrostis acutiflora* 'Karl Foerster', *Panicum virgatum* 'Squaw', *Miscanthus sinensis* 'Variegatus', 'Krater', 'Ferner Osten', 'Graziella' ou 'Flamingo'	*Chasmanthium latifolium*, *Deschampsia cespitosa*, *Molinia caerulea* 'Edith Dudzuss', *Panicum virgatum*, *Pennisetum incomptum*, *Stipa brachytricha*	*Briza maxima* (annuelle), *Carex comans*, *Carex buchananii*, *Molinia caerulea* 'Variegata', *Pennisetum* 'Hameln', *Stipa tenuifolia*	*Carex hachijoensis* 'Evergold', *Festuca glauca*, *Pennisetum alopecuroides* 'Little Bunny'

On en voit de toutes

Si vous visitez une pépinière spécialisée, vous pourrez constater qu'au-delà de leur floraison très spéciale les graminées ne manquent pas de couleurs. Toutes les parties de la plante participent au décor et, comme dans le meilleur des spectacles, les vedettes changent de costume et la palette, déjà riche, évolue au fil des saisons.

Verdoyant

▲ *Festuca gautieri* forme des coussins denses d'un vert très frais.

Le vert, c'est bien sûr la couleur traditionnelle des feuilles, tant appréciée dans les gazons. Elle fait aussi les prairies généreuses et participe à la luxuriance des feuillages évoquant le roseau : canne de Provence, spartinas ou miscanthus. Les tons verts des graminées sont tout particulièrement tendres et bienvenus à la naissance des jeunes feuilles après une certaine rigueur hivernale.

Des bleus toujours étonnants

▲ *Leymus arenarius*, une herbe bleue colonisatrice.

Surnommé blé d'azur, *Leymus arenarius* bat certainement tous les records en matière de bleu, suivi de près par *Agropyron magellanicum*. Les fétuques bleues sont parfois teintées d'argent ou de violet. Il y a aussi l'avoine bleue (*Helictotrichon sempervirens*), *Panicum virgatum* 'Heavy Metal' et bien sûr le superbe *Sorghastrum nutans* 'Indian Steel'. La petite *Sesleria caerulea* hésite encore : une face bleue, une face verte.

les couleurs

Jaune d'or

▲ *Miscanthus sinensis* 'Goldfeder', jeunes feuilles en juin.

Bien à l'abri de la chaleur, le millet des bois dans sa version dorée (*Milium effusum* 'Aureum') est carrément « fluo » durant tout le printemps et *Carex elata* 'Aurea' reste jaune toute l'année. Dans la plupart des genres, une ou plusieurs variétés possèdent au moins des feuilles panachées ou striées d'or. Elles sont généralement baptisées de noms tels que 'Aureola', 'Evergold', 'Aureolineata', etc.

Rayures blanches

▲ Panachures lumineuses de *Miscanthus sinensis* 'Variegatus'.

Liseré discret ou panachure largement étalée, vous avez le choix. De 'Morning Light', rayé si fin qu'il en paraît simplement argenté, à 'Cabaret', 'Variegatus' ou 'Cosmopolitan', totalement illuminés, le genre *Miscanthus* à lui seul peut suffire à vous faire hésiter. En moins haut, *Phalaris arundinacea* 'Picta' ou *Carex conica* 'Snowline' sont recommandés pour éclairer les coins sombres.

Du brun au rouge

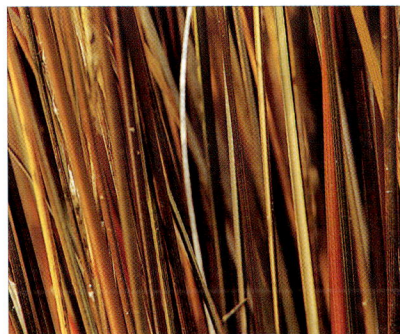

▲ *Carex buchananii.*

Les carex de Nouvelle-Zélande déclinent toute la gamme des bruns : teintés de vert, ils se font bronze (*Carex comans*) ou se réchauffent jusqu'à l'orangé (*Carex testacea*) presque rouge (*Carex buchananii*). À ce stade impérial, *Imperata cylindrica* 'Red Baron' s'impose en rouge sang, totalement écarlate au soleil.

Blond doré

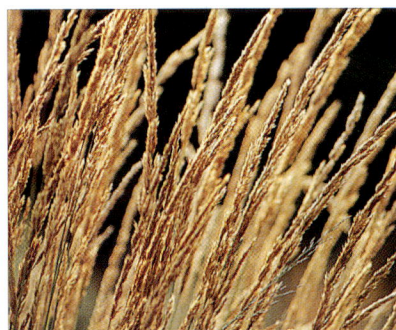

▲ *Calamagrostis acutiflora* 'Karl Foerster' illuminé de soleil.

Les épis règnent en maîtres dans ce domaine. La plupart prennent à la naissance des tons rappelant le feuillage qui les a nourris (vert, bleuté, violacé). Ils ne blondissent qu'en mûrissant sous le soleil qui les dore de tous côtés. En hiver, les feuillages font de même en séchant comme du parchemin.

Jeux de lumière saisonniers

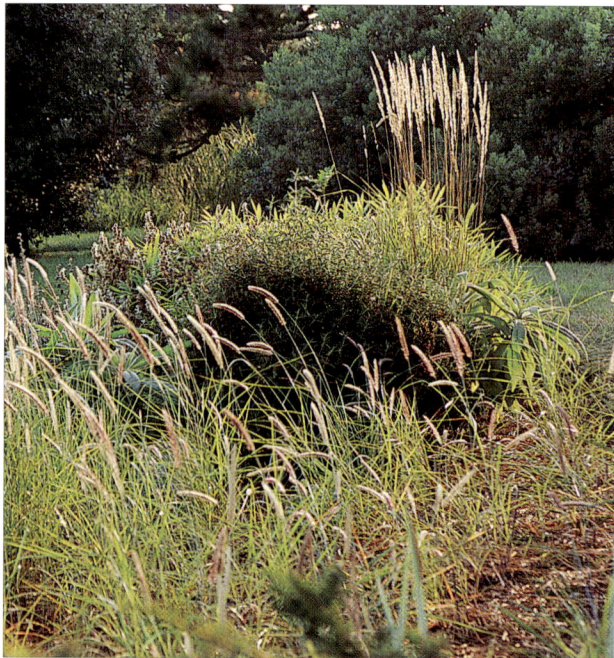

Chaque plante a ses atouts pour nous séduire. À ce titre, les couleurs des graminées sont véritablement exaltées par les effets de lumière qui auréolent les inflorescences et semblent illuminer les plantes, notamment en automne et en hiver, quand le moindre rayon de soleil produit l'effet d'une baguette magique. Le choix du meilleur emplacement vous permettra de profiter pleinement du spectacle.

Douceur printanière

Les feuillages colorés sont très lumineux au printemps à la naissance des jeunes pousses.

printemps sont des plantes de petite taille (moins de 50 cm) qui, pour la plupart, apprécient les situations fraîches. Un couvert de feuillages caducs produira une mi-ombre claire et miroitante, largement traversée de rayons de soleil qui illumineront point par point la teinte vert acide du millet des bois doré (*Milium effusum* 'Aureum'), les panachures crème et rosées de *Molinia caerulea* 'Variegata' et toutes les rayures blanches et jaunes de la grande famille des carex.

À cette époque, les hautes graminées, qui deviendront spectaculaires, sont encore un peu endormies, même si les jeunes pousses d'un vert tendre prennent déjà bien le soleil. Les vedettes du

L'été à contre-jour

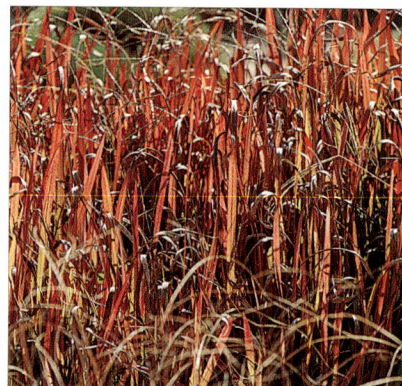

Le rougeoiement d'*Imperata cylindrica* 'Rubra' s'intensifie quand le soleil filtre à contre-jour.

Restons honnêtes : le plein soleil d'été, écrasant de lumière blanche, gomme les reliefs et ne met pas particulièrement en valeur la

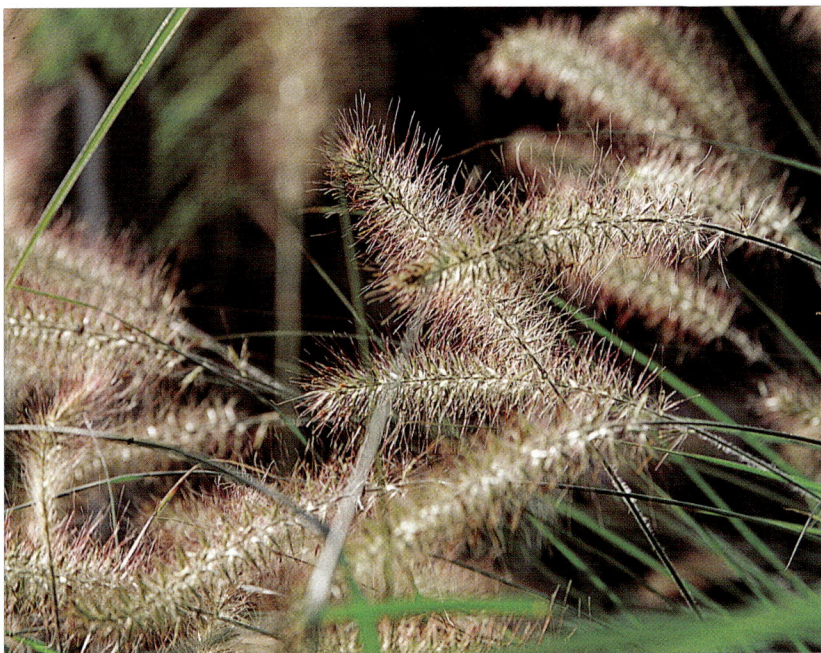

beauté des graminées. Les photographes le savent bien… Ils profitent généralement de la douceur du petit matin pour tirer les clichés qui vous feront rêver ! Les graminées superbes en été préférant généralement une exposition très ensoleillée, placez-les dans des espaces aussi dégagés que possible, ce qui vous permettra de les admirer au travers des rayons du soleil, le matin, le soir (ou même les deux)

▲ Les épis soyeux des pennisetums captent la lumière à merveille.

si, bien sûr, un mur ou une haie ne font pas obstacle.

Mais c'est aussi en admirant vos graminées à toute heure du jour que vous apprendrez à apprécier, même en période de vacances, un temps humide ou l'alternance de nuages gris et d'éclaircies, qui procure un spectacle changeant et toujours étonnant.

Spectacle de nuit

La nuit tombant très tôt en hiver, des touffes de miscanthus, par exemple, plantées à proximité des fenêtres, capteront l'éclairage intérieur, créant à l'extérieur une présence rassurante. Dans le jardin, pensez aussi à installer quelques spots pour éclairer vos graminées.

Soleil d'automne

La lumière du couchant rougeoyante en automne flatte considérablement les graminées ayant revêtu une livrée fauve et cuivre qui ne demande qu'à s'enflammer. Les molinies en sont l'exemple le plus étourdissant, en devenant entièrement rousses. L'illumination sied également à merveille aux stipas, devenues blondes, à plusieurs panics (*Panicum virgatum* 'Hänse Herms', 'Squaw') et aux miscanthus, qui adoptent des tons rouges, pourpres et bruns (*M. sinensis* 'Ferner Osten').

Poésie ou réalité

Poussant à la poésie, le phénomène d'irisation s'explique néanmoins. La texture lustrée ou satinée des graminées est favorable à la réfraction de la lumière. « Lorsqu'un rayon frappe la tige cylindrique ou le feuillage plat, il est renvoyé dans une direction qui varie sans cesse du fait que les plantes sont en perpétuel mouvement sous l'effet du vent. » (Terres, espaces et plantes, exposition «Graminées du monde», 1999, Montpellier).

Un hiver irisé

Avec le froid, le décor évolue encore. Feuillages et chaumes se dessèchent, évoquant la paille et le parchemin, dans des couleurs claires et lumineuses, même au plus pâle soleil d'hiver. Quelle que soit la région, l'effet est assuré. Prises sous le gel, les silhouettes figées ont un charme fou, mais assez exclusivement réservé aux zones froides… Dans tout le Sud et dans l'Ouest, la brume et la rosée vous réserveront des surprises tout aussi intéressantes et énigmatiques.

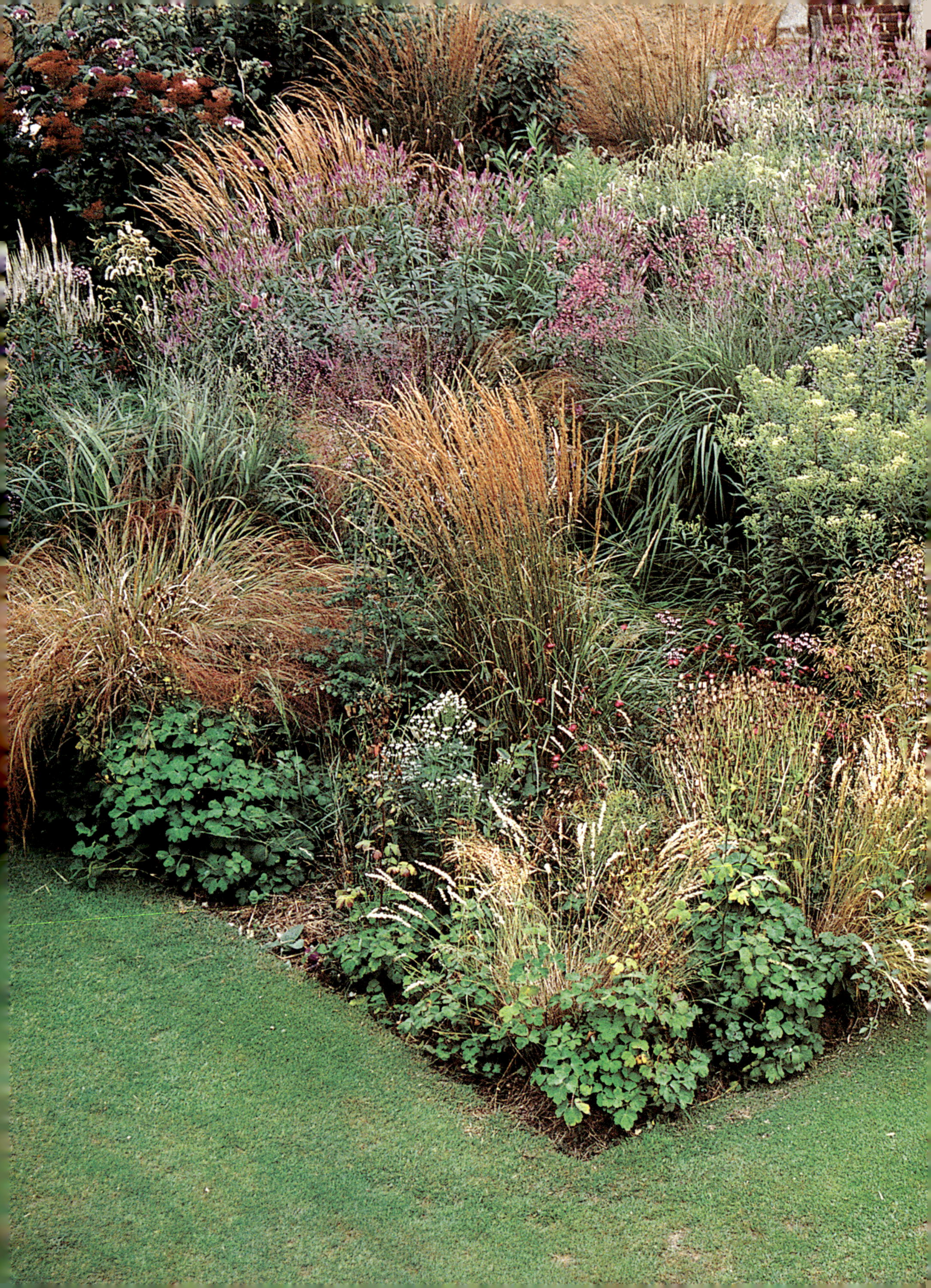

Les graminées dans les jardins

〜

La rencontre d'une plante et d'un jardinier conduit le plus souvent naturellement au jardin. Il s'agit alors de déterminer à quel emplacement installer la nouvelle protégée pour la mettre en valeur et embellir grâce à elle le décor de tous les jours.

Nous vous proposons ici de découvrir les utilisations qui peuvent être faites des graminées en visitant des jardins situés en France, dans des régions aux climats différents, aux terrains riches ou plus ordinaires, à la ville comme à la campagne.

La rencontre avec les créateurs de ces jardins, professionnels ou jardiniers amateurs, a permis en outre d'enrichir ce chapitre de conseils éclairés.

Si les décors inventés par ces créateurs ne peuvent être copiés, ils représentent néanmoins une source d'inspiration qui vous permettra d'imaginer et de réaliser dans votre jardin des scènes variées, champêtres, « zen », contemporaines ou romantiques, parfaitement adaptées à votre environnement et accordées à vos rêves.

*Une prairie ouverte
à tout vent, simplement
protégée par des haies
trop basses et plantée
de traditionnels pommiers*

Un jardin dans

normands peut se transformer en quelques années en un décor de rêve. Le Jardin Plume vous offre une source d'inspiration inépuisable pour composer des scènes fleuries et durables, entièrement constituées de plantes vivaces et de nombreuses graminées sans presque aucun arbuste, hormis des buis et quelques arbres indispensables pour rehausser le niveau des haies.

Des graminées remarquables

Cet espace circulaire est délimité par une haie de buis et des *Calamagrostis acutiflora* 'Karl Foerster'.

Parmi les plantes vivaces de ce jardin, les graminées occupent une place privilégiée. Leurs inflorescences légères ont d'ailleurs inspiré le nom du Jardin Plume. Les espèces qui s'imposent par leur silhouette remarquable sont utilisées pour former la structure du jardin, autrement dit sa charpente. Le jardin se construit ensuite facilement autour de ces éléments qui donnent de la hauteur et du volume. Traditionnellement, ce rôle est dévolu aux arbustes car beaucoup de jardiniers croient encore que les plantes herbacées n'ont aucune présence durant la période hivernale.

Or il n'en est rien et de nombreuses graminées, comme la plupart des miscanthus, les calamagrostis et certains pennisetums sont particulièrement décoratifs en cette saison. Chaumes et épis conservent une parfaite tenue malgré la pluie ou le froid, et les feuillages prennent des couleurs lumineuses très réconfortantes.

une prairie

Des massifs foisonnants

Plantées en groupes, les graminées sont idéales pour créer des massifs aux fleurs aériennes. Pour délimiter ces derniers, un tracé géométrique est facile à réaliser par les jardiniers les plus débutants. Il suffit de tendre un cordeau entre deux piquets ! Prévoyez toujours des allées assez larges qui favoriseront la promenade et découpez les massifs les plus vastes par des sentiers plus étroits (30 cm) qui serviront de passages lors de l'entretien.

N'ayez pas peur de choisir des plantes de haute taille. Beaucoup de graminées et de plantes vivaces restent parfaitement dressées sans tuteurage. Un tel ensemble dégage à la fois une impression de hauteur et d'intimité, et le cheminement dans les allées permet une immersion totale dans un moutonnement d'épis légers bougeant dans le vent.

Vu d'en haut (du premier étage d'une maison par exemple), on peut obtenir un effet de vagues en surface si l'on a pris soin de juxtaposer les plantes par petits groupes de hauteurs dégradées. Pour conjuguer grandeur et finesse, choisissez les molinies, notamment

▲ Le tracé rectiligne du jardin souligne l'exubérance des graminées.

▼ Floraisons associées de vivaces et graminées à la fin du mois de juillet.

Encore alourdies de pluie et de rosée, les fines inflorescences de *Molinia arundinacea* 'Transparent' se redressent lentement mais sûrement.

la large allée de gazon faisant admirer leurs panaches plumeux dans des styles différents. Éphémères mais si étonnantes chez *Stipa pulcherrima,* les inflorescences durent en revanche plusieurs mois chez *Stipa calamagrostis,* une graminée indispensable si vous ne devez en choisir qu'une ! Mais vous aurez beaucoup de mal à vous arrêter là…

Ainsi donc, une fois la structure établie, les grands espaces comblés et les bordures dessinées, selon la place disponible vous pouvez encore semer çà et là quelques graines d'annuelles qui se multiplieront toutes seules les années suivantes, au gré de leur fantaisie. Quand vous aurez appris à identifier leurs jeunes plantules, vous prendrez plaisir au printemps à effectuer un désherbage sélectif et créatif en arrachant celle-ci, en conservant cette autre pour changer un peu de décor tous les ans. Toujours présente mais jamais envahissante, l'orge à crinière est parfaite pour cet usage. En été, ses épis ornés de longues barbes soyeuses apparaissent irisés dans la lumière. Quand les graines sont mûres, ils éclatent en petits amas hirsutes très amusants qui sont ensuite dispersés par le vent.

la variété 'Transparent' parée de panicules aussi minces que des aiguilles, scintillantes au petit matin dans les gouttes de rosée. Associez-les à des vivaces tout aussi hautes et légères : *Veronica* 'Inspiration' blanche et sa proche parente *Veronicastrum* 'Fascination', des pigamons (*Thalictrum delavayi* notamment), des sanguisorbes (*Sanguisorba*) et un aster très haut, *A. umbellatus.*

Plus basses mais tout aussi gracieuses, les stipas offrent un très large choix d'espèces. Ronde et rousse, *Stipa arundinacea* occupe l'espace et juste à hauteur de main, se prête à la caresse du promeneur. Ses sœurs se dressent ou s'inclinent en bordure de

Inclinés vers le promeneur, les plumets de *Stipa calamagrostis* sont spectaculaires et durables.

Entre pelouses et prairies

▲ Au-delà des massifs, la prairie naturel-le est redessinée en multiples carrés parcourus d'allées régulièrement tondues.

Il existe une multitude de stades intermédiaires entre pelouse et prairie très intéressants à expérimenter dans un grand jardin. Une belle pelouse demande, hélas, un entretien très suivi, tandis que l'herbe qu'on laisse pousser en prairie naturelle produit souvent un effet trop désordonné. Le bon dosage consiste à trouver le parfait équilibre entre les données naturelles (climat, espèces de graminées présentes) et les interventions du jardinier (tonte ou fauchage, désherbage sélectif, plantations).

Pour obtenir un décor naturel de prairie sur pelouse verdoyante, le climat normand frais et humide ainsi qu'un sol plat et riche sont particulièrement favorables. Dans ce jardin, les graminées poussant dans les carrés ont toujours été là. Par un heureux hasard, l'agrostis majoritaire fleurit tout en finesse dans un moutonnement estival rosé. Cependant, des désherbages sélectifs (à l'aide d'un désherbant pour gazon qui épargne les graminées) sont parfois nécessaires quand il s'agit de déloger orties et chardons. Les carrés

d'herbe peuvent n'être fauchés qu'une fois par an en septembre après le spectacle estival.

Au Jardin Plume, des essais concluants ont permis d'introduire des vivaces fleuries dans la prairie de graminées. Les meilleurs résultats sont obtenus en installant à l'automne ou au printemps, des plants en mottes déjà bien développés, capables de s'établir sans craindre la concurrence des graminées alentour.

Vous pouvez parfaitement vous inspirer de cet exemple pour remodeler votre pelouse. Mais il n'est pas nécessaire que les allées soient aussi soignées (surtout en sol sec). Une tonte régulière suffit largement, pas trop courte en été pour éviter le dessèchement par la chaleur. Dans un premier temps, deux fauchages par an discipli-neront raisonnablement les herbes folles des carrés. Vous pouvez faucher à l'automne ainsi qu'au début du printemps ou que fin juin, à l'époque traditionnelle des foins. Quelques observations vous permettront rapidement d'acquérir votre propre expérience.

Pour ajouter des fleurs, ayez recours aux plus robustes. Reine des prés, filipendule, géranium des prés et eupatoire conviendront en terrain riche et frais. En prairie sèche, d'autres essais ont montré la persis-tance après plusieurs années de la mauve musquée, du trèfle incarnat, de la sauge des prés (*Salvia pra-tensis*) et même du pavot de Californie.

▶ Carré composé d'eupatoires pourpres cernées de *Panicum virgatum* 'Squaw'.

▲ En guise de transition entre la prairie naturelle et les massifs, certains carrés sont plantés de *Festuca mairei,* remarquables par leur port en gerbe.

Un jardin pour l'automne

bonne tenue en hiver. *M. sinensis* 'Graziella' porte des inflorescences particulièrement blanches et fournies. Celles de *M. sinensis* 'Silberfeder' sont nettement dégagées au-dessus du feuillage. *M. sinensis* 'Malepartus' aux feuilles larges fleurit dans les tons acajou. Les pieds déjà anciens de *M. sinensis* 'Gracillimus' seront bientôt remplacés car leur floraison est jugée bien tardive et leur silhouette trop dense malgré des feuilles fines.

Pour agrémenter de fleurs cet assortiment de superbes graminées, il faut des vivaces assez vigoureuses pour hisser leurs couleurs parmi ces fiers épis : *Salvia uliginosa* en bleu azur, *Persicaria orientalis* en mèches retombantes rouge groseille ou l'hélianthus 'Lemon Queen' en jaune. L'ensemble est assorti au Jardin Plume d'une superbe collection d'asters choisis pour leur finesse, leurs

◀ Dominant la scène de leurs panaches, les miscanthus se marient bien aux dahlias et aux asters bordant l'allée.

▼ *Miscanthus sinensis* 'Graziella' encadre la placette du puits de ses épis très blancs, dégagés du feuillage et légers au vent.

La partie consacrée au jardin d'automne dévoile dès septembre un foisonnement de plantes spectaculaires. Côté graminées, les miscanthus dominent l'ensemble, notamment des variétés récentes pas trop hautes (1,80 m), à la floraison précoce généreuse et de

▲ Miscanthus, aux épis bien dressés, et avalanche de minuscules fleurs d'asters : une association sans faille !

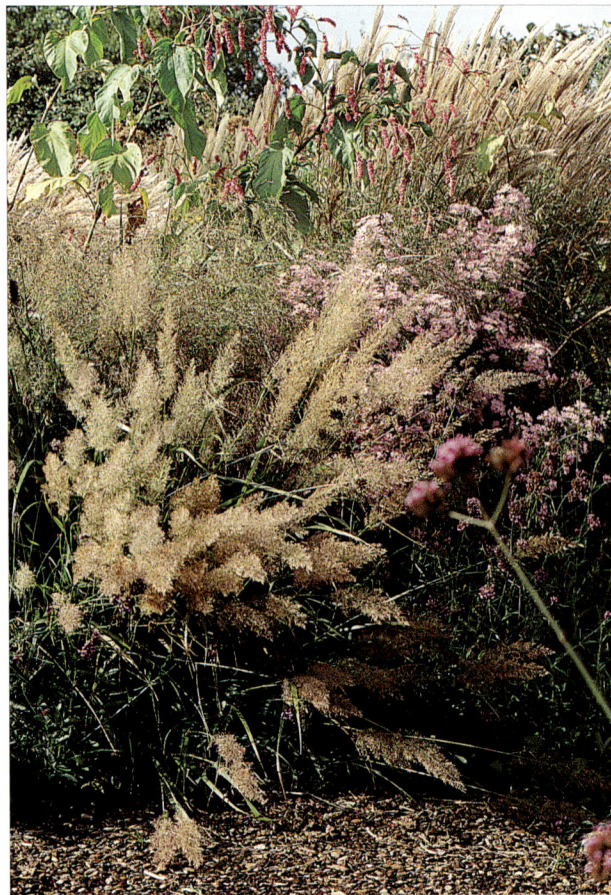

▲ Stipa brachytricha fleurit en août ou septembre en doux épis coniques, auréolés de lumière.

▽ Brillant sous la rosée du matin, Pennisetum alopecuroides 'Hameln' apporte charme et originalité à tous les massifs fleuris.

innombrables fleurs plutôt petites mais de très longue durée ainsi que leur résistance à l'oïdium (*Aster ericoides, Aster cordifolius* 'Ideal', *Aster frikartii* 'Monch'…).

Si les miscanthus vous semblent trop hauts, découvrez vite *Stipa brachytricha*, une merveilleuse graminée dirigeant en tous sens ses épis comme des fusées. Surnommée l'herbe aux diamants, elle reflète la lumière ou la rosée dans des tons très doux à la fois nacrés et étincelants. Plus près du sol encore, divers pennisetums arborent de charmants goupillons. *P. alopecuroides* 'Hameln' est une variété compacte de 50 cm de hauteur, très jolie sous la rosée du matin, idéale à l'avant d'anémones du Japon, en compagnie de chry-santhèmes et de sédums dont les inflorescences sèches conservent une très bonne tenue en hiver.

De métal et de rosée

A vec les premiers froids, laissez les fleurs fanées entamer une autre vie. Il serait bien dommage de tout couper ! Graminées ou non, les inflorescences sèchent, mais restent en place. Si vous patientez, vous constaterez qu'une harmonie de couleurs en demi-teintes s'installe jusqu'en hiver. Les calamagrostis deviennent vite fauves, suivis par les molinies. Au soleil rasant, tous prennent des teintes plutôt cuivrées et *Agrostis curvula* lance de magnifiques reflets dorés.

Les matins d'automne, au Jardin Plume, quand le soleil perce au travers d'un voile de brume, il fait resplendir la prairie, allumant une étincelle dans chaque goutte de rosée. Si vous avez planté un massif de

▲ En octobre, quand les fleurs du jardin sont fanées, les graminées captent alors toute la lumière du soleil.

panicums, vous découvrirez un océan de perles qui moutonne. Les chaumes des molinies préfèrent s'alanguir sous de brillants chapelets. Peut-on rêver jardin plus réussi que celui qui parvient à marier aussi bien les plantes aux éléments. Le vent les berce, la rosée les habille, le soleil les auréole : les graminées forment un tout avec la nature environnante.

▶ Cerné de buis, ce massif de panicums brillant de rosée conservera sa forme tout l'hiver et vous réjouira de son spectacle chaque matin.

Des effets de bord

La proximité de la mer fait subir des contraintes très particulières à l'aménagement d'un jardin.

Or, c'est souvent dans les conditions les plus difficiles que les graminées apportent les meilleures solutions. N'hésitez pas à suivre les exemples de réalisations ci-dessous, effectuées sur les côtes du sud de la Bretagne, dans des jardins privés ou des espaces largement ouverts au public, et conçues par un même paysagiste, Didier Fogaras, passionné de bambous et de graminées.

Dunes et vent du large

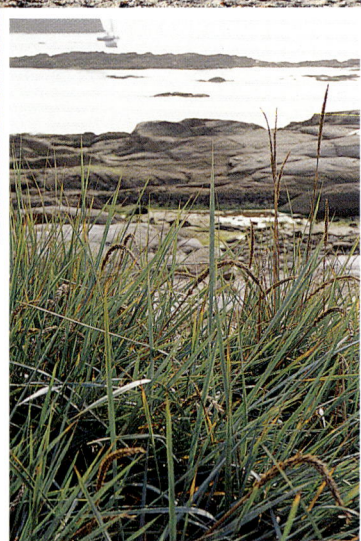

Liées au vent par nature, les graminées trouvent facilement leur place en bord de mer. Vous pouvez tout d'abord miser sur des valeurs sûres : *Miscanthus sinensis* 'Gracillimus', très résistant avec ses fines feuilles coriaces, ou *Miscanthus* 'Giganteus' qui forme rapi-

▲ Les graminées traçantes du genre *Leymus* servent à fixer les dunes.

◀ Le feuillage bleu de *Leymus arenarius* est particulièrement décoratif.

dement de grands écrans tout comme la canne de Provence (*Arundo donax*). Parmi les molinies,

de mer

la variété *M. caerulea* 'Transparent' est bien adaptée, poussant vite sans trop d'arrosage. Tous les panicums sont également très recommandés. Les leymus sont précieux pour fixer les dunes. *Leymus arenarius*, si séduisant par son feuillage franchement bleu, est joliment nommé blé d'azur car il porte effectivement de grands épis très durables rappelant ceux du blé. Son tempérament colonisateur est utile pour occuper rapidement un espace libre en terrain léger. En terrain sec et peu arrosé, comme dans une résidence de vacances, profitez de la sobriété des stipas. L'espèce la plus grande, *Stipa gigantea*, permet de ponctuer les massifs de fleurs, notamment en plein mois d'août quand les floraisons ont tendance à s'essouffler.

Dans un jardin au beau milieu des terres, n'hésitez pas à recréer une ambiance de dunes pour vous sentir en vacances toute l'année. L'effet sera meilleur si vous profitez d'un léger talus ou d'un relief vallonné mais ce n'est pas obligatoire. En sol bien drainé, choisissez des graminées telles que les fétuques bleues, *Stipa tenuifolia* ou même *Leymus arenarius* si l'espace est vaste. *Festuca mairei*, superbe dans les tons argentés, les deschampsias au feuillage toujours vert et les molinies accepteront davantage d'humidité. Couvrez le sol d'un lit de sable ou de gravillons fins de 5 cm d'épaisseur. L'illusion sera presque parfaite. Retenez également cette technique pour améliorer le drainage des terrains lourds.

▲ *Festuca mairei* apparaît dorée ou argentée selon l'éclat du soleil.

▼ Fleurie en été, *Deschampsia cespitosa* conserve un feuillage toujours vert.

Une bouffée de nature en ville

Habilement dessinés, certains espaces verts publics sont transposables dans un jardin privé. C'est le cas pour les parcs morcelés en plusieurs parties. Vous pouvez vous en inspirer pour composer chez vous des décors intimes à l'image des compositions illustrées ci-dessous. Intégrées dans des massifs à échelle humaine, les graminées sont serties de barrières en vague ondulante habillées de plantes grimpantes (*Solanum jasminoides*, rosiers). Associées à des fleurs bien connues (agapanthes, armoises, sauges), les graminées, plus actuelles, gagnent à ce contact une certaine popularité. Par bonheur, elles concilient à merveille les impératifs d'entretien réduit, essentiels pour les collectivités, et une esthétique légère, naturelle, toujours en

▲ Orné de graminées, ce rond-point très marin est implanté en pleine ville.

mouvement, incitant à la rêverie et bien plus vivante qu'un arbuste persistant taillé au carré.

L'implantation récente de graminées sur les ronds-points permet de constater que la silhouette caractéristique de ces plantes se repère de loin. Ces espaces particuliers que personne n'a le loisir d'admirer de

près prennent ainsi des allures de campagne ou de plage, très inattendues en pleine ville. Vous pouvez recréer cette agréable impression en aménageant de tels massifs au fond du jardin, bien en vue depuis la terrasse ou la fenêtre du salon.

▼ Quelques pennisetums pour une entrée au charme simple et naturel.

▼ Le feuillage de *Carex comans* 'Bronze' apporte une note très originale.

Des plantes d'agrément

Dans les jardins privés que nous avons visités les graminées participent comme les autres plantes au décor d'un jardin conçu avant tout pour le plaisir de ceux qui y séjournent. Leur charme n'a rien à envier celui des fleurs plus traditionnelles. Tantôt leur feuillage abondant sert de faire-valoir, d'écrin ou de toile de fond notamment en mai ou juin quand les couleurs sont au maximum. En plein été et en hiver, leurs épis attirent davantage l'attention alors que les floraisons traditionnelles s'essoufflent. Parfois aussi, quand s'exprime un certain désir d'originalité, une silhouette remarquable se dresse en vedette au bord d'une terrasse.

Tout est possible avec les graminées et il n'est pas nécessaire de leur réserver une place à part. En fait, à trop vouloir distinguer certaines plantes, on risque parfois de les cantonner à un rôle marginal, trop insolite, voire élitiste…

Miscanthus sinensis 'Gracillimus' et bananiers : une association très exotique.

Des massifs sans souci

Les jardins à la française, taillés minutieusement, et les plantes fragiles nécessitant des soins multiples ne séduisent que les jardiniers chevronnés. Beaucoup d'autres désirent avant tout profiter d'un jardin dans lequel il fait bon vivre et se reposer… Les côtes bretonnes bénéficiant d'un climat très doux, les graminées y font bon ménage avec de nombreuses plantes vivaces rustiques ou semi-rustiques qui comme elles repoussent chaque année comme par miracle sans attention particulière du jardinier.

Ainsi isolée, *Stipa gigantea* fait de la terrasse un lieu très remarqué.

Conseils pour réussir un jardin de graminées

✽ Pour un jardin sans trop d'entretien, choisissez au moins 80 % de plantes résistantes, adaptées au terrain et au climat, qui pousseront très facilement. Parmi elles, vous aurez toujours le choix entre de nombreuses graminées, robustes, rapides et jamais malades.

✽ En Bretagne, le sol sableux très filtrant retient peu l'eau, mais les pluies sont régulières. Compost ou fumier de cheval apportés en hiver contribuent à améliorer le terrain.

✽ La plupart des graminées ne demandent qu'une taille annuelle en fin d'hiver. Celle-ci est facile à réaliser et produit quantité de chaumes que vous pouvez broyer sur place pour constituer un paillis.

✽ Chaque jardin ayant ses particularités, les graminées vous réserveront des surprises. Parmi les plus épanouies, certaines se ressèmeront naturellement. Vous aurez la preuve que votre jardin parvient à vivre de lui-même et que vous avez fait le bon choix.

Sur une terrasse en plein soleil du matin au soir, les graminées demandent beaucoup moins d'attention que les plantes à fleurs traditionnelles.

Une terrasse en ville

Chacun rêve de reconstituer en pleine ville un havre de paix et de nature. Les dimensions de la terrasse que nous vous présentons sont exceptionnelles (350 m² . . .) et l'amour des plantes mène parfois à de petites folies. Vous pouvez néanmoins vous inspirer des scènes réalisées ici pour cultiver en pots, sur une terrasse ou même un simple balcon, toute une gamme de graminées originaires de milieux très variés. Le bon caractère de ces plantes et leur endurance permet de conserver des compositions originales demandant peu de soin.

Une endurance peu commune

Des phragmites à feuillage doré (*P. australis* 'Variegatus') fleurissent dans un mini-bassin toujours rempli d'eau.

La terrasse étant située sur le toit de l'immeuble, les plantes sont soumises à un ensoleillement constant, à des températures très chaudes en été ainsi qu'à des vents forts (malgré la pose d'écrans brise-vent en brande de bruyère). Aussi la sélection s'est-elle portée sur des espèces robustes qui puissent toutes être cultivées en bacs ou en pots. Là où de nombreuses plantes à fleurs se sont desséchées, les graminées résistent vaillamment.

Mini-scènes aquatiques

Dans ces conditions particulières, la culture des plantes aquatiques pose moins de problème d'arrosage que celle des espèces exigeant des milieux bien drainés. Vous pouvez comme ici installer les plantes dans des pots puis les regrouper dans des mini-bassins confectionnés simplement dans des coffrages en bois imperméabilisés par une bâche plastique. Le plein soleil leur convient parfaitement. Pour satisfaire leurs besoins, il suffit de fertiliser le terreau une fois par an à l'aide d'engrais spécial longue durée et de maintenir régulièrement le niveau de l'eau dans le bassin. C'est ainsi que prospèrent plusieurs cyperus (*Cyperus papyrus*, *Cyperus alternifolius*, *Cyperus eragrostis*), des phragmites dorées (*Phragmites australis* 'Variegatus') et des joncs spiralés (*Juncus effusus* 'Spiralis') très originaux. Vous pouvez les associer à des plantes longilignes aux allures comparables appartenant à des familles proches, notamment les

▲ *Juncus effusus* 'Spiralis' est un jonc très décoratif à tiges contournées.

prêles (*Equisetum*, famille des Équisétacées) et les typhas (*Typha minima*, famille des Typhacées).

Les choses se compliquent un peu en hiver car les effets du froid sont décuplés pour les plantes en pots baignant dans une faible épaisseur d'eau. Il faut alors placer sous-abri les plantes les plus frileuses.

▼ Très robuste, *Spartina pectinata* 'Aureomarginata', au feuillage doré.

La jungle sur les toits

Aperçue de la rue, la terrasse intrigue. Les feuillages les plus hauts dépassent la hauteur des brise-vent, contribuant à créer une ambiance exotique fort dépaysante. L'illusion est savamment entretenue par un décor construit misant sur la sobriété, en accord avec le thème oriental retenu qui se retrouve partout, de l'abri de jardin aux étiquettes taillées dans des bambous.

Cannes de Provence, bambous, miscanthus et spartinas installés dans de longs bacs au pied des brise-vent, constituent un écran de feuillage. Pour entretenir cette belle luxuriance à moindres frais, envisagez la pose d'un arrosage goutte-à-goutte disposé tout le long des bacs. Relié à un programmateur, il ne demande qu'une attention minimum.

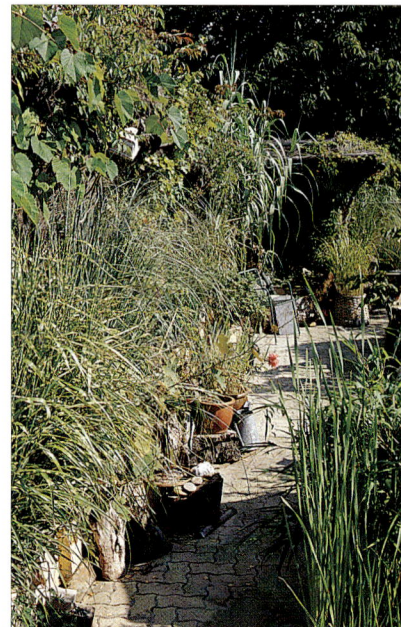

▲ Miscanthus, spartinas et cannes de Provence forment un mur végétal le long des palissades.

Un jardin
en pots

Vous installerez les graminées demandant le moins d'arrosage dans des pots très classiques. Sauf pour les plants encore jeunes, les bacs choisis doivent être de bonne profondeur (30 à 40 cm) afin de mieux conserver la fraîcheur au niveau des racines. À cette condition, prévoyez un arrosage tous les deux jours en été. Une intervention quotidienne peut cependant s'avérer indispensable par très forte chaleur. Contrairement à ce que l'on pourrait penser, les plantes préférant les terrains secs ne donnent pas toujours les meilleurs résultats en pots car elles demandent aussi un milieu bien drainé qu'il n'est pas toujours facile de leur procurer durant les hivers humides de la région pari-

▼ Regroupez les pots afin de faciliter l'arrosage.

sienne. Les fétuques bleues, par exemple, y vieillissent très mal, mais *Hakonoclea macra* 'Aureola' dont le feuillage en cascade recouvre tout le pot, conserve la fraîcheur des arrosages sans souffrir des excès de pluie. *Chasmanthium latifolium* reste impeccable et *Panicum virgatum*, s'adaptant partout, demande

simplement à être rempoté régulièrement et divisé au besoin.

▲ *Hakonechloa macra* 'Aureola' forme une superbe potée au feuillage bien assorti aux bambous alentour.

▼ Cette fétuque vieillit mal en pot. Pour la rajeunir, il faut la diviser, ôter les feuilles sèches et éviter les excès d'eau en hiver.

Un jardin composite

À la découverte des graminées

En Picardie, les hivers sont humides et souvent froids puisque le thermomètre descend facilement à –15 °C. Une terre lourde et calcaire ajoute encore des contraintes. Cela n'a pas empêché la créatrice de ce jardin de tirer parti de toutes les situations pour cultiver un bel éventail de graminées.

Les amateurs de fleurs séchées connaissent souvent les graminées sans le savoir. La propriétaire de ce jardin a ainsi découvert ces plantes dans un catalogue de graines à la rubrique « Bouquets secs » et a été attirée par leur caractère naturel et leur élégance. Elle a d'abord semé des espèces annuelles dans un massif le long de sa piscine. Souhaitant étendre ses connaissances elle s'est adressée au Groupement des Amateurs de Graminées qui permet à ses adhérents de se procurer

Fétuques bleues, *Bouteloua gracilis* ou *Chasmanthium latifolium* se plaisent en situation chaude et ensoleillée.

des graines ou des plants et d'échanger expériences et impressions. En effet, en matière de vivaces, le choix de graines est très restreint, les plantes rares en jardineries et les informations presque inexistantes dans les revues de jardinage.

En outre, vous pouvez, comme elle, rapporter des graines de vos voyages et les semer puis les installer dans les espaces vides du jardin, le temps d'observer le résultat si vous ne connaissez pas la variété précise ni les dimensions de la plante adulte. S'il le faut, vous pourrez toujours les transplanter ensuite pour leur donner un emplacement mieux adapté à leur forme et à leurs besoins. C'est l'occasion de forger votre propre expérience pour sélectionner les espèces adaptées à votre jardin. Notre hôtesse a ainsi observé que *Imperata cylindrica* se développait beaucoup mieux dans un terreau acide que dans son terrain calcaire. En revanche, les petites pestes envahissantes, telles que les phalaris, se retrouvent plantées au milieu des herbes folles : la concurrence adoucit leur caractère !

Une place pour chacune

Ses graminées se prêtent à des situations très variées. Ainsi un vaste talus favorisant le drainage héberge dans de bonnes conditions *Melica ciliata.* Ailleurs un bassin et son déversoir accueillent des graminées aquatiques dont une zizania qui, quand elle fleurit, produit des graines ressemblant à du riz. L'aménagement de ce lieu humide a réservé de bonnes surprises comme

▲ Sur le talus (à droite), les épis blanc crème de *Melica ciliata* se distinguent des fleurs plus vivement colorées.

▶ La couleur rouge vif d'*Imperata cylindrica* 'Rubra' se manifeste dès son plus jeune âge.

▼ La berge humide d'un bassin est idéale pour étendre votre collection de graminées aux familles des Joncacées et des Cypéracées.

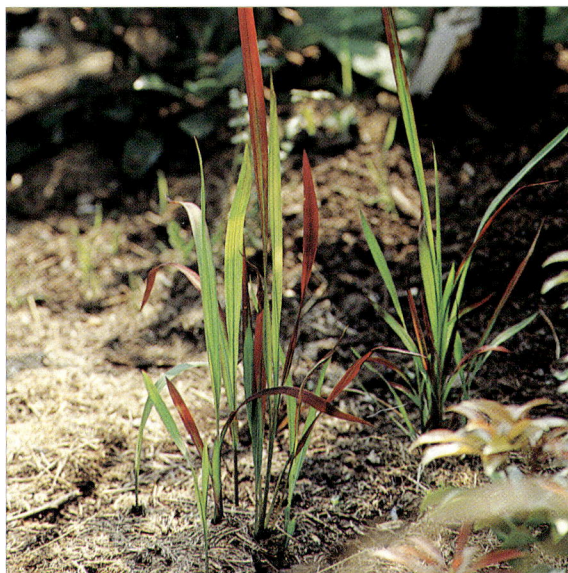

l'installation spontanée de plusieurs formes de joncs (famille des Joncacées). Sur la berge fraîche, de jeunes carex sont promis à un bel avenir. *Miscanthus sinensis* 'Gracillimus' s'y développe déjà très rapidement. Il se plaît aussi au sud et les pieds au sec, mais pousse simplement moins vite. En revanche, c'est à cet endroit que *Stipa tenuifolia* et *Bouteloua gracilis* sont le plus belles. Ailleurs, la terre lourde et humide oblige à les diviser très souvent pour les conserver en bon état.

À chacun son style : les joncs portent leurs inflorescences sur le côté !

Aménager des espaces singuliers

Tout nouvel aménagement peut fournir l'occasion de créer un mini-environnement échappant aux caractéristiques générales du jardin. La pose d'une fontaine à mi-ombre crée un pôle de fraîcheur : voici aussitôt installés quelques carex auprès d'un acorus et d'un bégonia rustique, qui reste en terre toute l'année (*Begonia grandis*). Un remblai de terre très médiocre mêlé de gravats accueille volontiers des graminées de terrain sec et léger : *Stipa tenuifolia*, fétuques bleues et *Leymus arenarius*, toujours colonisateur.

Un jour de grand vent, un vieux noyer s'effondre. Faisons contre mauvaise fortune, bon cœur : voici soudain un immense espace tout inondé de lumière et l'occasion rêvée de créer un massif de terre de bruyère. Cela demande beaucoup de travail, mais pour compenser, les abords de cette fosse de terreau acide seront plantés de graminées qui ne demanderont qu'un entretien réduit : *Pennisetum incomptum* en fleur dès juillet, *Poa labillardieri* et un original *Andropogon gerardii* (ci-dessous).

Une association innovante : un groupe de graminées parmi des glaïeuls et des tournesols.

Un jardin de collectionneur

Après la découverte vient parfois la passion. La visite de ce jardin de collectionneur vous montrera l'étendue des possibilités qu'offrent les graminées. Ici, à Planbuisson, la maison a aujourd'hui en partie disparu dans un environnement végétal pour le moins surprenant en Périgord. Bambous et graminées venus de toutes les régions du monde cohabitent dans une jungle étrange très dépaysante. À la magie du décor, les graminées ajoutent une dimension supplémentaire : l'invitation au voyage.

Graminées, bambous et conifères animent le jardin en toute saison.

Une forêt de bambous

De nombreuses espèces de bambous se sont acclimatées dans ce jardin où les noyers régnaient en maîtres. Assez rustiques pour supporter le gel en hiver, les plus grands par nature profitent des étés chauds (même secs) pour atteindre des dimensions impressionnantes dans un sol plutôt riche et profond. Depuis 1989, les variétés les plus rares sont venues s'ajouter à d'autres devenues courantes, composant une jungle juste assez civilisée pour faciliter l'entretien et la promenade.

En taillant régulièrement les bambous au ras du sol, on peut aménager de larges sentiers permettant de cheminer sous une haute voûte de cannes qui s'inclinent, incitant en vain à lever les yeux pour tenter d'apercevoir le ciel.

Les miscanthus apportent un heureux complément au décor de bambous.

Un décor tout de graminées

Cortaderia selloana 'Gold Band' surgit d'une brume matinale.

Des bambous aux graminées, il n'y a qu'un pas. Puisqu'ils font partie de la même famille (les Poacées), la passion s'étend donc naturellement. Par leur souplesse et la finesse de leur floraison, les graminées apportent un complément de choix au charme oriental des bambous. En comptant Joncacées et Cypéracées, la collection compte aujourd'hui environ 440 espèces et variétés à Planbuisson.

Comme le démontre ce décor, il est possible de réaliser tout un jardin à base de graminées. Trois immenses clairières ouvertes dans la forêt des bambous fournissent des exemples de compositions différentes. Quelques

▲ Feuillages et épis colorés, panaches déployés : en septembre, grand spectacle des plus hautes graminées !

végétaux remarquables apportent cependant d'heureux points de contraste : des conifères et des arbustes au feuillage toujours vert, un grand rosier liane, un gigantesque bananier rustique (*Musa basjoo*) et un saule tortueux. De-ci, de-là quelques géraniums vivaces à fleurs roses particulièrement tenaces apportent de la couleur au printemps. Pour l'automne, l'association de grands sédums (*Sedum spectabile*) reste de tout premier ordre pour accompagner la floraison des miscanthus.

Un écran de miscanthus

Miscanthus sinensis 'Punktchen' (à gauche) fleurit dans les tons roses.

De près comme de loin, les panicules des miscanthus redessinent le jardin.

Les grandes graminées s'imposent assez vite permettant d'étoffer un jardin en trois ou quatre ans. À Planbuisson, l'une des clairières est soulignée d'une collection de plusieurs dizaines de miscanthus. La variété des feuillages et des floraisons, tant par leurs formes que par leurs innombrables couleurs, conduit à des associations superbement nuancées, surlignées par le graphisme toujours surprenant des épis. Une telle profusion n'est sans doute pas indispensable à l'ornement de votre jardin… Il suffit de cinq ou six miscanthus ou de quelques pieds de cannes de Provence à feuillage panaché pour dresser un écran efficace et original. Une allée bordée de pennisetums aura rapidement fière allure. Certains pouvant former très vite des demi-sphères naturelles de plus d'un mètre de diamètre rivaliseront sans complexe avec des buis de plusieurs dizaines d'années. En prime, ils fleurissent et changent de couleur.

Un parterre « à la française »

La connaissance des graminées conduit peu à peu à les utiliser de façon nouvelle. Par exemple, la silhouette bien nette de certaines peut permettre d'encadrer des espèces à l'allure plus sauvageonne, paraissant porter une chevelure ébouriffée. Des touffes plutôt basses aux couleurs très variées se prêtent volontiers aux principes de la mosaïculture. Elles permettent de composer un véritable parterre inspiré du dessin traditionnel des jardins dits « à la française ». Ici, les bordures de buis sont remplacées par deux arcs symétriques de bambous nains taillés, encadrant un tapis de carex multicolores. L'ensemble se prolonge par un dégradé de pennisetums bien ronds disposés en groupes de même hauteur. De part et d'autre, le massif est ponctué par deux pieds dressés de *Sorghastrum nutans* 'Indian Steel' avant de se perdre dans un fond de bambous et de miscanthus. Originalité assurée !

Un écrin pour pièces rares

Vous prendrez plaisir à réserver un espace privilégié à vos graminées favorites qu'elles soient les plus belles à vos yeux ou simplement les dernières arrivées.

Poa labillardieri, par exemple, étonne par sa silhouette bleutée si gracieuse, tout en finesse, et en fleur dès juin. Elle est hélas un peu frileuse et peut souffrir en dessous de −12 °C. Le genre auquel elle appartient a donné son nom à la famille des Poacées.

En fin d'été, la floraison des miscanthus vous offrira un spectacle grandiose. Les plus étonnants naissent en mèches ondulées à reflets métalliques. On se dit alors que cela ne pourra pas être plus beau mais on

D'un port exceptionnel, *Poa labillardieri* mérite un emplacement isolé.

constate à l'approche de l'automne que l'on se trompait ! Les épis sont tous épanouis dans une débauche de coloris aussi doux que lumineux. Les feuillages panachés resplendissent et toutes les feuilles vertes qui se faisaient discrètes sortent de l'anonymat. Le miscanthus 'Dixieland' à feuillage panaché de blanc est si éblouissant qu'on s'interroge. On le confond parfois avec 'Variegatus'. 'Cabaret' tout aussi panaché est plus haut. 'Étincelle', une variété française baptisée officiellement en 2001, porte bien son nom : ses fines feuilles sont constellées de marques dorées qui resplendissent au soleil.

Andropogon hallii révèle en septembre des tiges et des épis roses offrant le plus ravissant des contrastes avec feuilles et gaines d'un vert presque turquoise. Il deviendra entièrement rouge en automne. C'est un proche parent de *Andropogon gerardii*, un peu plus connu, qui pousse dans les prairies américaines.

▲ *Miscanthus sinensis* 'Dixieland' est largement rayé de blanc.

Andropogon hallii dévoile ses charmes lorsqu'il fleurit en septembre.

Une présence en hiver

Après l'embrasement de l'automne, le froid fige peu à peu les plus hautes silhouettes qui conservent leurs formes intactes en séchant. Feuilles, chaumes et épis produisent alors les plus gigantesques bouquets secs que l'on puisse imaginer ! Dans des teintes de paille, de tabac séché ou de parchemin, ils assurent au jardin un décor durable et surprenant qui permet de traverser sans tristesse la mauvaise saison. Au printemps, il faut tout couper ! La taille de la végétation sèche facilite

Lors d'hivers doux, l'herbe de la pampa conserve son feuillage coloré.

Hyparrhenia hirta n'est encore connue que de quelques spécialistes. Son observation est en cours. Dans un sol riche, elle semble parfois bien alanguie alors qu'elle se dresse fièrement en plein soleil dans un jardin sec. À ce propos, vous ferez peut-être partager votre nouvelle passion à des amis jardiniers d'autres régions avec lesquels vous pourrez échanger vos impressions et comparer vos expériences. Le comportement des graminées peut étrangement varier d'une situation à l'autre.

en effet la repousse des jeunes tiges bien vertes. À Planbuisson, Michel Bonfils retarde cet instant au maximum, échelonnant les opérations sur plusieurs semaines, ne se résolvant pas à tondre ses si chers miscanthus… Il laisse donc les jeunes pousses atteindre 50 cm avant d'agir. La renaissance est alors nettement amorcée et le jardin ne paraîtra dégarni guère plus d'un mois.

▼ Mi-décembre, la tenue des miscanthus est exemplaire.

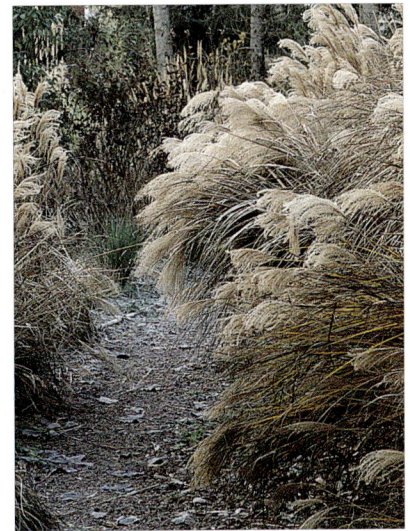

▲ Les épis secs de *Miscanthus sinensis* 'Variegatus' tiennent tout l'hiver.

▼ En décembre, *Miscanthus nepalensis* encore doré revêt un duvet douillet.

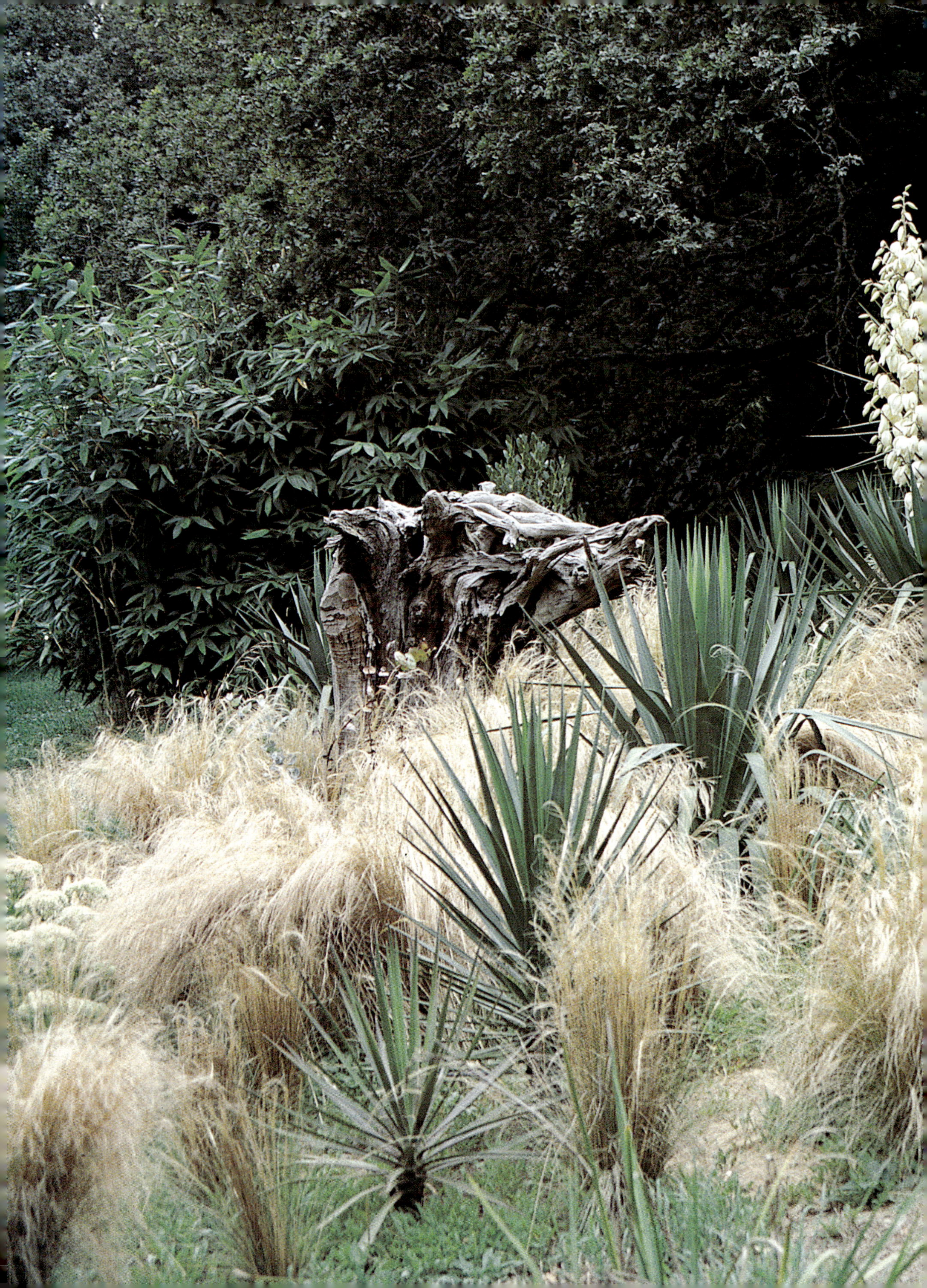

Culture et entretien

Les conseils qui vont suivre, recueillis auprès de spécialistes des graminées, ont un objectif commun : vous permettre de cultiver ces plantes dans les meilleures conditions pour elles avec un minimum d'effort de votre part.

Une fois bien choisies et installées, voici enfin des plantes peu exigeantes capables de pousser sans assistance, engrais, tuteur et compagnie.

Que les amoureux du temps libre oublient un peu ce qu'ils ont appris des jardiniers laborieux : les graminées les autorisent à poser la bêche, à laisser au repos le tuyau d'arrosage, à ranger le pulvérisateur et à les regarder pousser et évoluer dans leur jardin.

Encore peu connu,
Miscanthus nepalensis est un bijou
précieux à la silhouette légère.

Bien choisir les graminées

Pour s'installer, se plaire et se développer de manière autonome dans votre jardin, une graminée (comme toute autre plante) doit y trouver l'environnement qui lui convient sans pour autant vous demander de tout changer. Le terrain est ce qu'il est, le climat également, et il serait souhaitable que cette plante se contente du régime pluviométrique de la région. Une fois ces conditions analysées, il vous restera toujours un choix assez vaste pour satisfaire vos propres goûts, qu'il ne s'agit pas de négliger.

Les conditions climatiques

C'est sans doute le critère le plus important à retenir. Les cas extrêmes sont limitatifs.

❋ Le froid

Le gel n'est pas rare en France, mais la rusticité (résistance au froid) est l'un des points forts de la famille. Les Allemands ont d'ailleurs depuis longtemps adopté les graminées. Seules quelques relatives frileuses sont déconseillées dans les zones les plus froides (montagne, Nord-Est), comme *Hakonechloa macra* 'Aureola',

▽ *Stipa arundinacea* préfère les climats doux.

Stipa arundinacea, Arundo donax ou *Cortaderia selloana*. Les miscanthus supportent le gel, mais les variétés à floraison tardive ont parfois du mal à fleurir dans le nord de la France par manque de chaleur.

❋ L'excès d'eau

Un sol lourd gorgé d'humidité en hiver aggrave les effets du gel. Certaines graminées très rustiques en terrain bien drainé souffrent ou meurent par excès d'eau : les fétuques bleues, de nombreuses stipas ou encore *Melica ciliata*. Bien au contraire, les molinies, les deschampsias, certains carex tolèrent les sols lourds et très humides, voire passagèrement inondés dans le cas des phalaris, de *Spartina pectinata*, de la canne de Provence (*Arundo donax*) et bien sûr des graminées aquatiques telles que *Glyceria maxima* ou *Phragmites australis* (roseau).

❋ La sécheresse

Pour ne pas passer votre vie à arroser, si vous habitez une région sèche, choisissez vos plantes parmi les plus sobres : la plupart des stipas, le splendide *Ampelodesmos mauritanicus*, *Pennisetum incomptum*, *Pennisetum setaceum* ou la petite *Sesleria caerulea*. Une fois installés, de nombreux miscanthus supportent aussi la sécheresse. Dans le Midi, *Zoysia tenuifolia* remplace avantageusement le gazon.

▽ Profitez de la piscine et oubliez l'arrosoir : plantez des graminées.

△ Les miscanthus se développent plus vite en sol frais.

❋ Le vent

Il ne constitue pas un problème, et la plupart des hautes graminées sont en fait d'excellents écrans (miscanthus, cannes de Provence, cortadérias).

▷ Les miscanthus constituent des brise-vent efficaces.

▷ ▷ *Hyparrhenia hirta* aime la chaleur et les terrains secs.

La qualité du sol

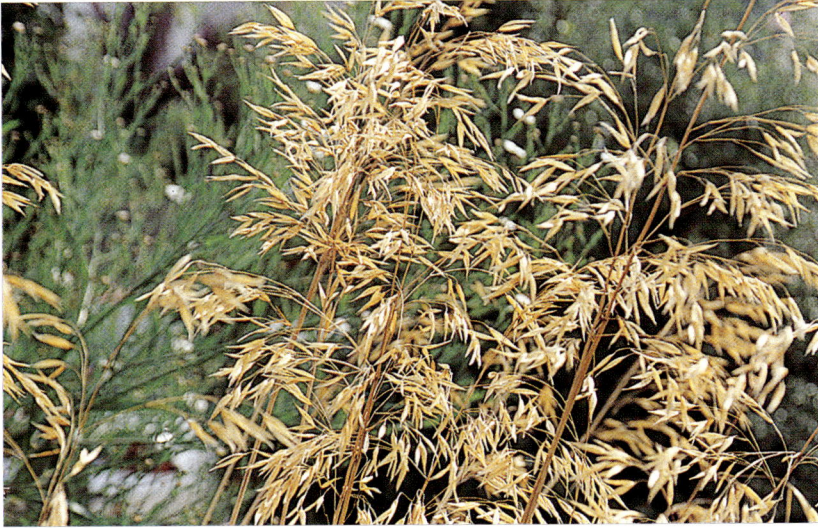

◀ *Stipa gigantea* supporte la sécheresse, mais apprécie un arrosage occasionnel.

Beaucoup de graminées ont la capacité de s'adapter à une large gamme de sols, quelle que soit leur nature. Dans un jardin ordinaire, le degré d'acidité ou de calcaire n'importe guère. Parmi les graminées les plus polyvalentes, essayez en priorité les panicums, des miscanthus tels que 'Ferner Osten', 'Variegatus', 'Silberfeder' ou les différentes variétés de *Pennisetum alopecuroides*.

De votre terrain caillouteux, par exemple, beaucoup de graminées retiendront surtout le fait qu'il est bien drainé (stipas, *Festuca glauca*, etc.). Bien souvent, une terre profonde et riche les rend un peu molles. Ce sont dans la nature des pionnières réputées pour leur capacité d'adaptation, qu'il n'est pas nécessaire de trop « bichonner » dans le jardin. Saisissez au contraire cette bonne occasion pour valoriser ce que vous avez toujours pris pour un sol ingrat !

L'exposition

La plupart des Poacées préfèrent une exposition dégagée et ensoleillée durant quatre ou cinq heures par jour au moins. Davantage d'ombre les affaiblit. Les chaumes des miscanthus peuvent alors avoir tendance à verser, même dans le sud de la France. Les floraisons en sont amoindries, ainsi que les couleurs d'automne. En revanche, une situation plus fraîche à mi-ombre réussit très bien à de nombreuses plantes à feuillage clair ou panaché comme *Hakonechloa macra* 'Aureola', *Milium effusum* 'Aureum' et de nombreux carex. En plein soleil, leurs feuilles ont tendance à se dessécher et à brunir, à moins que sol et climat ne soient vraiment très frais. Les luzules des bois (*Luzula sylvatica*, Juncacée) poussent bien à l'ombre. Les variétés décoratives forment de jolis tapis sous les arbres.

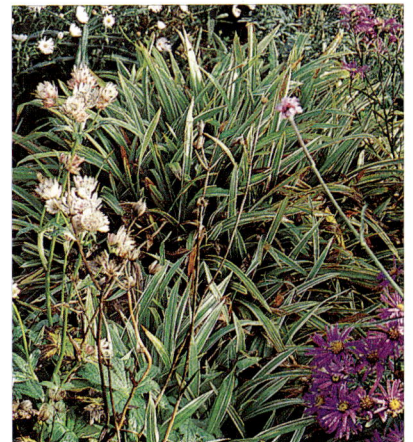

Luzula sylvatica 'Marginata' possède un feuillage marginé de blanc. ▶

Acheter des graminées

Les graminées sont souvent mal connues de la grande distribution. Les jardineries ne proposent encore que quelques spécimens très courants. Cependant, il ne faut pas se laisser décourager par cette lacune provisoire : comme tous les pionniers, vous prendrez plaisir à dénicher d'autres sources d'approvisionnement, moins classiques mais passionnantes, riches de conseils et d'échanges.

Les pépinières spécialisées

La France compte plusieurs pépinières renommées pour le choix qu'elles proposent en matière de graminées. Vous trouverez leurs adresses à la fin de ce livre. Certains pépiniéristes sont des spécialistes de plantes vivaces, d'autres se consacrent presque exclusivement aux graminées et aux bambous, beaucoup font partie de l'Association des pépiniéristes collectionneurs (ASPECO).

Si aucune pépinière n'est située près de chez vous, profitez des expo-

Les graminées ont beaucoup de succès dans les fêtes des plantes, comme ici à Gaujacq lors du rassemblement des pépiniéristes collectionneurs.

sitions et des fêtes des plantes, de plus en plus nombreuses au printemps et à l'automne, pour rencontrer leurs responsables, qui vous feront découvrir les espèces et variétés qu'ils ont testées et multipliées eux-mêmes. Vous trouverez auprès d'eux les meilleurs conseils pour choisir des graminées.

La vente par correspondance

Nombre de ces pépinières sont organisées pour vendre des plantes par correspondance. Il suffit de leur téléphoner pour commander tout d'abord un catalogue ; celui-ci n'est pas gratuit ni toujours illustré car les moyens financiers sont avant tout consacrés à la qualité et à la diversité des plantes offertes.

Si vous préférez « pianoter », sachez qu'un grand nombre de ces pépiniéristes vous accueillent également sur Internet. Certains sites sont remarquables et bien illustrés.

En comptant notre livre, les catalogues et les nombreux sites Internet, vous ne manquerez pas d'informations ! Avant tout achat, plutôt que de procéder à l'aveuglette, prenez donc le temps d'établir une liste très sûre de graminées adaptées à votre jardin et à vos goûts. Évaluez aussi la place disponible dans votre jardin en tenant compte des distances de plantation afin de ne pas acheter un trop grand nombre de plantes !

Choisir une plante

Une bonne plante est avant tout une plante qui va pousser sans difficulté dans votre jardin. C'est le plus souvent un sujet jeune et de petite taille, vendu dans un godet ou un conteneur de 8 à 12 cm de diamètre. Même si les bonnes pépinières l'élèvent « à la dure », en plein air, sans trop la fertiliser ni la désherber, elle pousse en pot dans un bon terreau et ne manque jamais d'arrosage. Il est donc inutile de prolonger au-delà d'un an ce régime de faveur. Plus jeune elle sera plantée chez vous, meilleures seront ses capacités d'adaptation dans votre jardin.

✺ **Le système racinaire**, qui constitue la face cachée de l'iceberg, est l'aspect le plus important. Avant d'acheter une plante, appréciez le poids du pot dans la main : il doit vous sembler relativement lourd en comparaison de sa taille. C'est le signe que la plante est cultivée dans un bon terreau et qu'elle a sûrement déjà développé un nombre suffisant de racines. Pour vous en assurer, demandez gentiment la permission d'ôter délicatement la motte du pot. Celle-ci doit former un bloc qui laisse apparaître de nombreuses radicelles sur le pourtour. Certaines peuvent commencer à vouloir s'échapper par les trous de drainage. Si elles sont un peu emmêlées dans le fond du pot (sans toutefois former un trop gros chignon), il suffira d'en dégager légèrement l'extrémité du bout des doigts avant la plantation.

Pour les achats par correspondance, vous pouvez faire entièrement confiance aux spécialistes de notre carnet d'adresses. Ils font voyager les plantes rapidement dans d'excellentes conditions et toujours à la meilleure saison pour les planter.

◀ Ne défaites pas les mottes des jeunes plants avant la plantation. Vous pouvez démêler les racines du fond du pot et les raccourcir.

L'achat de graines

Les réseaux de distribution de graines restent confidentiels. Seuls quelques catalogues proposent une petite gamme de graines à l'amateur, et ce sont surtout des graminées annuelles dont le principal intérêt reste le bouquet sec. Les échanges par Internet et le réseau associatif (Groupement des Amateurs de Graminées, Terres, espaces et plantes) sont de bonnes pistes. Une bonne solution consiste tout simplement à acheter un plant de la graminée convoitée et à récolter ensuite soi-même ses graines (voir aussi le chapitre sur les semis).

▲ Cultivées en pleine terre, les graminées sont robustes et résistantes. Une fois divisées, elles sont vendues en godets. (Pépinières Lepage).

*La plantation au jardin
d'une graminée achetée en
pot est identique à celle de
toute autre plante vivace,
et l'attention que vous
accorderez à cette opération
diminuera d'autant
les travaux ultérieurs.
Dans de bonnes conditions
de culture, votre plante
pourra croître et embellir
durant de nombreuses années
à la même place. Mais si vous
avez envie de la déplacer,
de la multiplier ou de réduire
sa taille, nous avons
regroupé dans ces pages
les diverses techniques
permettant de manipuler
une motte en toute sécurité.*

Plantation et

Plantée pour s'enraciner

P our devenir vite autonomes, vos graminées devront pouvoir puiser seules dans le sol l'eau et la nourriture qui leur sont nécessaires. Elles le feront au moyen de leurs racines, dont vous devez en conséquence favoriser le développement.

❋ Ouvrez donc un large trou de plantation deux ou trois fois plus vaste que le volume de la motte. Travaillez le sol en profondeur pour les plantes imposantes du type miscanthus. Agissez à l'avance, par beau temps, quand la terre est facile à travailler (ni collante ni sèche) et sans vous presser. N'oubliez jamais que vous jardinez par plaisir…

❋ Si, dans le fond du trou, la terre est plus claire, très argileuse ou caillouteuse, ne la mélangez pas avec la terre de surface : faites deux tas séparés. Une fois le trou ouvert, placez-y la terre du fond bien émiettée puis déposez une couche de terre de surface et enfin la motte afin que son niveau supérieur coïncide avec le niveau du sol.

❋ Achevez de reboucher et tassez légèrement. Formez une cuvette d'arrosage en ramenant autour du pied la terre en excès puis arrosez en versant lentement.

Le simple fait d'avoir remué la terre du trou de plantation aura suffi à la décompacter. Ainsi, les racines se développeront sans rencontrer de résistance. Traditionnellement, les jardiniers ajoutent du compost et divers fertilisants dans le trou du terreau. Ce n'est sans doute pas vraiment nécessaire si vous avez choisi une plante adaptée à la terre naturelle de votre jardin.

Distance de plantation

U ne distance indicative de plantation est précisée pour chaque plante dans les fiches du dernier chapitre. Elle vous paraîtra souvent grande car les graminées sont petites à la plantation et le massif aura l'air un peu nu. Cependant, cette distance permettra à chacune

◄ Respectez les distances de plantation pour permettre aux plantes de bien se développer.

transplantation

de s'épanouir pleinement car les végétaux auront davantage d'air et de lumière. Mais vous pouvez planter plus serré pour obtenir un effet décoratif plus rapidement. Un ou deux ans après, il sera encore facile d'arracher certains sujets et de les déplacer pour aérer l'ensemble.

▼ Plantation récente de *Panicum virgatum* 'Squaw' cerné de buis.

Transplantation

L'opération consiste à arracher une plante avec l'intention de la replanter ailleurs. L'arrachage s'effectue à l'aide d'une pelle-bêche solide et tranchante, qui va permettre de découper une grosse motte autour de la plante puis de la soulever et de l'extraire en conservant un bon nombre de racines bien attachées à la plante en question. C'est d'autant plus facile qu'elle est petite.

L'arrachage d'un miscanthus âgé ou d'une herbe de la pampa demande de la force. Fractionnez d'abord la plante en plusieurs parties puis extrayez celles-ci du sol une à une.

Division

Il arrive que les plantes vivaces âgées deviennent moins belles. En effet, quand les premières pousses du centre de la touffe meurent et se dessèchent, elles peuvent former une masse compacte qui ne reverdit plus, les jeunes tiges apparaissant plutôt à la périphérie. Quand l'esthétique devient gênante, vous avez deux solutions.

La première consiste à arracher la touffe entière et à la diviser en plusieurs éclats. On jette ceux du centre qui sont morts et on replante ceux de la périphérie. Ce procédé peut être employé beaucoup plus tôt en arrachant régulièrement des touffes bien développées dans le simple but de multiplier les plantes. C'est un moyen très économique d'augmenter la surface de vos massifs. Pour multiplier une graminée, il est aussi possible d'extraire du sol des éclats périphériques tout en conservant la motte en place. C'est notamment préférable quand la plante déjà âgée est devenue volumineuse ou que vous souhaitez simplement en conserver une belle touffe à cet endroit.

▲ Divisez la touffe extraite à la pelle-bêche.

▲ Éliminez la partie centrale si elle est desséchée.

▲ Conservez en priorité les éclats périphériques.

▲ Replantez chaque éclat séparément.

▲ Une cuvette dans le sol retient l'eau.

semis et bouturage

L'amour des plantes s'accompagne souvent du plaisir de les « créer » soi-même. La levée du premier semis est toujours source d'émerveillement. Les jardiniers, amateurs ou professionnels, parlent avec émotion de leurs « bébés » pour désigner leurs jeunes plants, et en Grande-Bretagne, une pépinière, c'est carrément une « nursery » ! Plus concrètement, produire soi-même ses plantes est fort économique, surtout quand on possède de grandes surfaces.

Le semis

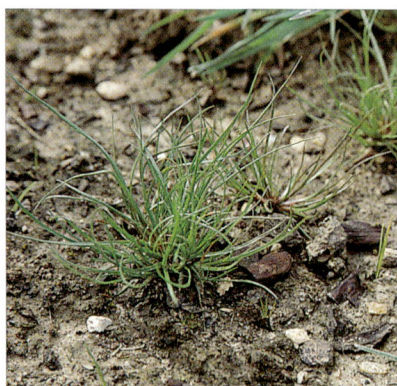

△ Semis en pleine terre.

Un semis réussi est prolifique : pour débuter utilisez des sachets du commerce, et limitez-vous à cinq ou six graminées différentes.

✽ Le **semis en pleine terre** reste délicat. Si le sol n'est pas parfaitement désherbé, vous aurez du mal à distinguer vos belles graminées des jeunes plantules d'herbes folles qui germent souvent beaucoup plus vite dans un sol bien préparé !

✽ Semez plutôt **en terrine** ou **en godets**, dans le premier cas pour gagner de la place au début, dans le second cas pour éviter de repiquer. Effectuez cette opération dans un terreau pour semis additionné de sable. Pour ne pas trop serrer les graines, semez les plus grosses une à une à 2 cm de distance et les plus fines par pincées du bout des doigts. Maintenez le terreau toujours frais.

✽ **Après la levée,** conservez un plant par godet et sectionnez les autres à la base. Ceux des terrines seront repiqués dans des godets individuels. Quand les racines auront formé une belle motte, une plantation en pleine terre est envisageable.

△ Semis en terrine et en godet.

Semez les **annuelles** de mars à mai. Un semis précoce demandera parfois une protection contre le froid dans une serre ou à l'intérieur de la maison près d'une fenêtre.

On sème généralement les vivaces en été, de juin à septembre, en plein air et de préférence à mi-ombre.

Le repiquage

Déterrez chaque plantule délicatement.

Formez un trou avec le doigt.

Dirigez les racines vers le fond.

Refermez en tassant légèrement.

La récolte des graines

Les graminées produisent un grand nombre de graines qu'il suffit de récolter quand elles sont mûres, de juin à novembre selon les espèces. Celles-ci doivent être sèches et se détacher facilement de leur enveloppe. Le plus simple est d'attendre que les premières commencent à tomber. Conservez-les au sec dans des sacs en papier soigneusement étiquetés jusqu'à la bonne date de semis.

Vous ne multiplierez fidèlement par semis que les espèces proprement

▲ Récoltez les graines de *Stipa calamagrostis* en cueillant un épi mûr entier. Placez-le au sec dans une enveloppe. Elles se détachent en séchant.

dites, comme *Stipa gigantea*. Ainsi, les graines de cultivars tels que *Deschampsia cespitosa* 'Gold-schleier', aux épis dorés, produiront souvent des plantes semblables à l'espèce d'origine, c'est-à-dire aux épis plus clairs.

La division reste pour l'amateur le moyen le plus sûr d'obtenir une plante conforme à l'original.

Obtenir une nouvelle variété

Les multiples variétés d'une même espèce sont des hybrides tout à fait naturels. La proximité de deux plantes engendre parfois des semis qui révèlent des caractères cachés jusque-là : des taches apparaissent sur le feuillage, on observe une plante à fleurs rouges dans un ensemble d'épis argentés…

C'est en les observant durant des années et en sélectionnant les plus belles ou les plus robustes que pépiniéristes et amateurs passionnés parviennent à créer toutes les nouveautés qui vous sont régu-lièrement proposées.

Sectionnez des portions de rhizome de spartina à l'aide d'un sécateur.

Bouturage et division de rhizome

Le bouturage des têtes de *Cyperus alternifolius* est très facile : une fois les feuilles raccourcies, il suffit de les plonger dans l'eau pour qu'elles émettent des racines. On peut aussi bouturer des portions de chaumes de la canne de Provence.

Pour diviser les rhizomes des spartinas au printemps, déterrez la

plante et lavez les racines. Sectionnez ensuite les rhizomes en petites portions portant chacune de un à trois bourgeons ainsi que des racines. Enterrez les éclats obtenus sous quelques centimètres de terreau dans une grande terrine. Maintenez le terreau frais. Chaque éclat produira une nouvelle plante.

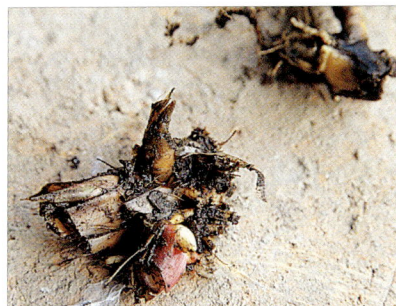

Plantez des éclats munis de racines et de bourgeons.

L'entretien des graminées

Vous avez choisi de jeunes graminées adaptées à votre jardin, puis vous avez planté chacune d'elles dans un grand trou bien ameubli.

Le passeport pour la tranquillité est presque acquis. Le premier été, il faudra bien arroser et freiner les ardeurs des herbes folles. Ensuite, une taille annuelle devrait suffire à la beauté de vos graminée.

L'arrosage

Les plantations d'automne demandent peu d'arrosage. Au printemps et en été, s'il fait sec, prévoyez un arrosage tous les quinze jours la première année. Comptez l'équivalent d'un arrosoir de dix litres et arrosez seulement au pied des plantes. Le premier été étant passé avec succès, l'eau du ciel fera le reste. De nouveaux apports d'eau ne se justifieront qu'en cas de sécheresse exceptionnelle pour la région.

Faut-il fertiliser?

La plupart des terres de jardin sont assez fertiles pour permettre la culture d'un vaste éventail de graminées. En fait, la richesse des terrains peut nuire à certaines espèces telles que *Sorghastrum nutans*, *Calamagrostis acutiflora*, *Hyparrhenia hirta* et même certains miscanthus. Celles-ci développent alors un feuillage exagérément luxuriant, dont les couleurs d'automne sont souvent moins prononcées. Les tiges ont aussi tendance à se ramollir et à verser. Or il n'est pas concevable d'avoir à tuteurer des plantes choisies pour leur grâce, leur légèreté et leur facilité de culture !

Savoir désherber

Graminée ou herbe folle : la distinction demande un temps d'apprentissage.

Un sol désherbé entre les nouvelles plantes évite la concurrence et favorise la rapidité de croissance. Quelques binages en début de printemps permettent d'éliminer assez facilement les mauvaises herbes annuelles. N'attendez pas trop longtemps avant d'agir car il n'est pas toujours facile de distinguer de jeunes graminées dans une jungle d'herbes folles de la même famille.

Il arrive aussi qu'une graminée sauvage germe au cœur d'une touffe de graminée cultivée. Il vaut mieux l'éliminer dès qu'elle est identifiée car, ensuite, il faut souvent malheureusement arracher toute la plante pour en extraire l'intruse.

Durant l'été, en climat sec, les mauvaises herbes annuelles seront peu vigoureuses si vous n'arrosez pas trop entre les plantes. Ailleurs, jusqu'à l'automne, un paillis de tontes de gazon sèches freinera leurs ardeurs. Il ne découragera pas toujours liseron, chiendent ou chardons. Des arrachages répétés les épuisent toutefois. Ces plantes sauvages poseront moins de problème quand les graminées devenues adultes couvriront bien le sol, maintenant dans l'ombre la surface du sol. Cette patience est peut-être préférable à l'usage de désherbants chimiques.

Une taille radicale

Taillez les miscanthus quand les jeunes pousses vertes apparaissent parmi le feuillage sec.

Coupez à l'aide d'une cisaille tous les chaumes secs en taillant juste au-dessus des jeunes pousses.

Une fois par an, les grandes graminées profitent d'une taille très courte et très simple qui élimine les chaumes secs et fait place nette pour les jeunes pousses. Une bonne cisaille bien affûtée fera l'affaire et le port de gants vous protégera d'éventuelles blessures car certains feuillages présentent des bords coupants. L'époque de la taille varie en fonction des espèces. Une bonne règle consiste à tailler les chaumes quand ils ne vous paraissent plus décoratifs. Ce peut être dès juillet dans le cas des fétuques bleues, et au plus tard en fin d'hiver quand les jeunes pousses vertes semblent bien décidées à pousser.

À cette époque, certains miscanthus sont encore très beaux et il n'est pas toujours facile de se résoudre à cette taille radicale !

Toutes les espèces n'en ont pas besoin. Les petites plantes et notamment les carex ou même les fétuques bleues se contentent d'un simple nettoyage consistant à éliminer les feuilles et les tiges sèches.

Ce nettoyage laisse le champ libre à la jeune végétation qui va pouvoir se développer plus vite.

Les graminées en pots

Terrasses et balcons ne sauraient se passer longtemps de graminées car leur naturel et leur résistance sont des atouts dont il faut profiter. Par ailleurs, il est facile de prolonger le décor à l'intérieur de la maison tant les inflorescences se prêtent à la confection d'admirables bouquets frais ou séchés. Vous pourrez encore y cultiver bien à l'abri des rigueurs de l'hiver des variétés tropicales qui enrichiront agréablement l'assortiment des jardins d'hiver.

Réussir une potée

▲ Le feuillage de *Hakonechloa macra* 'Aureola' finit par recouvrir tout le pot.

▲ De mai à novembre, *Eragrostis curvula* forme des potées légères.

Au-delà de son intérêt ornemental, une potée vous permettra de cultiver une ou deux variétés qui ne trouveraient pas des conditions idéales dans votre jardin (pas assez d'eau, terrain pauvre, trop de soleil). Pour un décor d'une belle ampleur, isolez des graminées à grand développement dans des pots en terre cuite : *Stipa arundinacea*, *Eragrostis curvula*, *Hakonechloa macra* ou des miscanthus (en excluant les géants). Seules les petites plantes se prêtent à des compositions, notamment les carex, la molinie à feuillage panaché, *Milium effusum* 'Aureum' ou *Uncinia rubra*. Évitez toutefois l'association de jeunes plants avec de vigoureuses annuelles, qui auront tôt fait de les étouffer (verveines, pélargoniums, pétunias retombants).

❋ Choisissez un **pot** deux fois plus gros que la motte et versez dans le fond perforé une couche de gravillons ou de billes d'argile (1/4 à 1/5 de la hauteur du pot).

❋ Utilisez un **terreau** de plantation sans engrais. Ajoutez du sable ou des gravillons pour une graminée demandant un sol drainé ou bien du compost et de la terre de jardin pour les plantes qui préfèrent les terrains frais et consistants.

Cultivé en pot, *Pennisetum setaceum* 'Rubrum' peut être facilement rentré en hiver à l'abri du gel.

❄ En pot, une **fertilisation** est nécessaire. Des billes d'engrais de longue durée sont très pratiques : un apport suffit chaque printemps. Quand la plante se trouve à l'étroit, il suffit de la diviser ou de la rempoter en fin d'hiver dans un pot plus grand.

Les fétuques bleues forment un décor durable dans une jardinière.

Des bouquets très légers

Cueillies au début de leur épanouissement, les inflorescences souvent bien colorées durent longtemps en bouquets frais. Elles permettent d'alléger considérablement des compositions de fleurs à base de roses, de dahlias, de pivoines ou de lys. Par ailleurs, des fleurs qui sèchent aussi bien sur pied sont évidemment parfaites pour la confection de bouquets secs.

Cueillez-les à complète maturité par une belle journée ensoleillée mais ne dépassez pas ce stade car certaines inflorescences ont tendance à se disperser. Liez les tiges en petites bottes et suspendez-les tête en bas dans un lieu sombre, sec et aéré, comme un grenier. Quand les tiges

En bouquet frais, miscanthus, panicums et *Stipa brachytricha* sont ici associés à des asters.

sont sèches, une pulvérisation de laque à cheveux fixe les formes pour longtemps. Composez alors vos bouquets en y mêlant éventuellement d'autres fleurs (achillées, immortelles, capsules de pavots ou de nigelles).

Jardin d'hiver

Plantées en pot, certaines graminées exotiques aiment passer dehors toute la belle saison et profiter en hiver de l'abri d'une serre, d'une véranda ou d'un intérieur très lumineux. Conservez ainsi *Pennisetum setaceum* 'Rubrum', une superbe variété à feuillage et épis pourpres, *Setaria palmifolia* dont les feuilles vertes et gaufrées rappellent le palmier, les pieds de vétiver (*Vetiveria zizanoides*) ou de citronnelle (*Cymbopogon citratus*), *Cyperus papyrus* (le vrai papyrus égyptien) ou *Machaerima scirpoides*, une Cypéracée originaire de l'île de Robinson Crusoé…

Les espèces, morceaux choisis

P our cultiver des graminées, vous aurez compris qu'il est recommandé de bien les choisir. Tout commence par un échange. Une plante vous gratifiera du plus ravissant des décors si vous lui offrez les conditions nécessaires à son épanouissement. Son choix devra également être adapté à l'espace dont vous disposez et à l'utilisation que vous lui réservez : une haie, un massif, une rocaille.

Que vous l'installiez parmi les plantes déjà présentes dans votre jardin ou que vous ayez à composer avec elle, il sera intéressant de lui associer de plaisantes compagnes.

Pour vous aider, vous trouverez dans ce dernier chapitre une sélection de plantes particulièrement décoratives, présentées par genres ou par espèces selon un ordre alphabétique. Ce sont surtout des plantes vivaces, qui peuvent vivre de nombreuses années dans le jardin. Quelques annuelles sont également très agréables par leur capacité à se ressemer naturellement, ce qui évite de devoir les multiplier chaque année.

Arundo donax

(Canne de Provence)

Dimensions : 2 à 6 m et jusqu'à 2,50 à 6,50 m en fleur. **Sol** : riche et surtout frais, voire humide. **Exposition** : soleil ou mi-ombre.

Introduit en France depuis l'Antiquité, ce roseau géant fait aujourd'hui partie du paysage provençal. Il s'y déroule en longs rideaux au bord des champs, le long des fossés, mais s'acclimate presque partout en France.

Portrait

Robuste et majestueuse, cette graminée est l'une des plus hautes pouvant pousser en Europe. Elle se développe en touffes vigoureuses à grandes et fortes tiges dont le diamètre atteint 2 à 3 cm. Les feuilles vertes en forme de ruban peuvent mesurer 60 cm de long. Dans les zones suffisamment chaudes, de grands épis floraux en panicules rouge pourpré se forment en septembre ou octobre puis prennent ensuite des tons gris perle.

En hiver, les parties aériennes de la canne de Provence ne résistent pas au gel. Les feuilles jaunissent puis se dessèchent en conservant toutefois leur tenue. Mais les rhizomes, protégés sous terre, peuvent survivre jusqu'à des températures atteignant – 20 °C. La plante produit à nouveau des pousses vertes dès le mois de mars, après les grands froids.

La canne de Provence apporte rapidement un aspect luxuriant au jardin.

Croissance et dimensions

En terrain frais, la croissance est rapide et la canne a tendance à s'étendre. C'est intéressant dans une zone humide à coloniser. Elle atteint alors des hauteurs allant de 3 à 6 m et est très utilisée pour constituer des rideaux brise-vent en Provence. Respectez une distance de plantation de 100 cm.

Faites votre choix

▲ *Arundo donax* 'Variegata'
Hauteur : 2 à 2,50 m et plus en climat doux.
Distance de plantation : 1 m.
Poussant moins vigoureusement que l'espèce à feuilles vertes, elle est plus décorative par son feuillage largement rayé de blanc puis de jaune, ce qui lui vaut un meilleur succès dans les jardins. Elle est un peu plus sensible au froid.

Culture et soins

▲ Plantée au jardin, *Arundo donax* colonise volontiers les fossés voisins.

Elle donne le meilleur d'elle-même en sol riche et frais, voire humide. Elle s'étend ainsi naturellement dans les fossés et peut devenir envahissant dans un jardin de petites dimensions. Cependant, elle résiste également en terrain plus sec, au soleil ou à mi-ombre. Elle se développe alors beaucoup moins vite, émet des chaumes plus minces et moins hauts.

En climat froid, surtout en sol humide, mieux vaut protéger la canne de Provence en paillant les souches avant l'hiver.

L'entretien consiste à couper les chaumes morts et desséchés en fin d'hiver à la naissance des premières pousses. Ne cédez pas à la tentation de les couper avant : la plante gèlerait plus facilement. Si vous ne les coupez pas, les cannes peuvent survivre à un hiver doux. Au printemps, elles se ramifient, mais l'effet est moins spectaculaire qu'après une taille.

Utilisations et associations

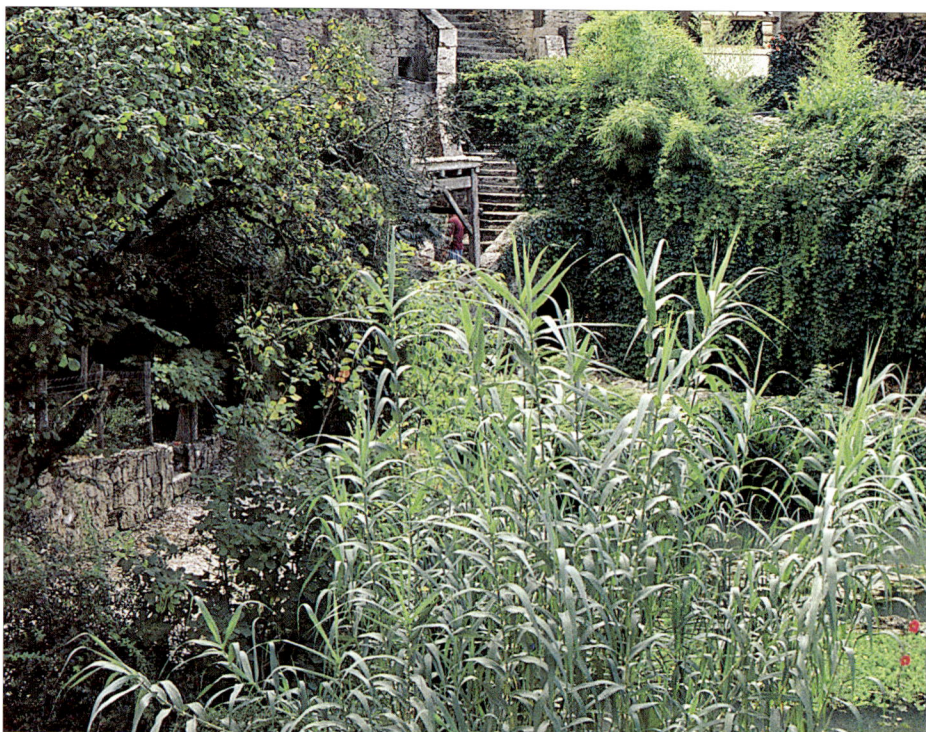

Profitez avant tout de sa rapidité de croissance pour occuper de grands espaces libres en bordure d'une pièce d'eau. Créez également des groupes ou des rideaux filtrant le vent et préservant à la belle saison l'intimité d'un coin du jardin. Ils resteront verts du printemps aux premiers gels. Attention, cependant, car leur feuillage sec durant l'hiver est d'un effet plutôt sauvage et ne convient pas à un jardin très soigné. En les taillant, vous supprimez

Arundo donax ▶
se développe mieux en sol frais ou au bord de l'eau.

leur fonction d'écran en début de printemps.

La variété panachée formera de belles touffes lumineuses, surtout à mi-ombre, créant assez vite une ambiance luxuriante à la manière des cannas ou des bambous. Ses grands chaumes solides pourront aisément servir de tuteurs à des plantes grimpantes annuelles fleuries (ipomées, capucines, haricots d'Espagne).

◀ *Arundo donax* 'Variegata' en compagnie d'achillées en été.

Multiplication

C'est pratique pour créer des écrans économiques. Le plus simple consiste à déterrer des rhizomes au printemps et à les diviser en tronçons avant de les replanter suffisamment espacés. Si les tiges ne gèlent pas en hiver en climat doux, vous pouvez faire des boutures en mars : coupez des portions de chaumes comprenant cinq nœuds et plantez-les en terre meuble en laissant dépasser deux nœuds. Arrosez régulièrement. Les premières feuilles se formeront en avril ou mai. Vous pouvez encore bouturer une tige débarrassée de sa vieille gaine en la plantant à plat dans du terreau meuble et frais.

Briza maxima

Dimensions : 40 cm en fleur. **Sol :** ordinaire. **Exposition :** soleil ou mi-ombre.

Cette espèce est déjà très célèbre par la forme très particulière de ses épillets, recherchés dans la confection des bouquets secs. Bien que ce soit naturellement une espèce annuelle, elle a la faculté de savoir s'incruster dans les jardins qui l'accueillent.

Portrait

Les épillets mûrissent durant le mois d'août.

Le principal attrait de cette espèce réside dans ses inflorescences ramifiées portant de gros épillets très décoratifs allongés et pendants à l'extrémité de fins pédicelles. Ils forment un ensemble ravissant évoquant des grappes de grelots toujours en mouvement. De couleur verte en juin, ils mûrissent rapidement, devenant blonds ou brun clair. *Briza media* est une espèce vivace courante en Europe, connue sous le nom de brize amourette et portant des épillets beaucoup plus petits en forme de cœur.

Croissance et dimensions

Les touffes de feuilles mesurent environ 25 cm de hauteur et de largeur. En fleur, les plantes peuvent atteindre 40 cm. Les tiges assez fines sont souvent arquées à leur extrémité par le poids des épis.

Culture et soins

Ce n'est pas une plante exigeante, et vous pouvez l'installer partout dans le jardin, aussi bien à mi-ombre qu'au soleil. Pour vos bouquets secs, cueillez les épis dès qu'ils sont bien dorés. N'attendez pas trop car, au mois d'août, les segments qui les constituent se défont et le décor perd tout son intérêt. Les graines risquent également de se ressemer très généreusement, formant au printemps une pelouse qu'il n'est pas toujours facile de déloger. Mieux vaut en récolter quelques-unes et les semer dans des godets au printemps suivant.

Utilisations

Installez vos jeunes plants dans les bordures ou les espaces vides de vos massifs, avec d'autres graminées au décor plus durable : deschampsias en sol frais ou stipas en sol plus sec. Ainsi, la cueillette des inflorescences ne laissera pas ces espaces dégarnis.

✳ **Multiplication :** la première année, semez au printemps. En été, récoltez des épillets mûrs et conservez les graines au sec en hiver dans des sachets en papier. Faites de nouveaux semis au printemps suivant si vos plantes ne se sont pas ressemées naturellement.

Calamagrostis acutiflora

Dimensions : 0,70 à 1 m et jusqu'à 1,80 m en fleur. **Sol** : tout sol bien drainé. **Exposition** : soleil ou mi-ombre.

Les feuillages des variétés cultivées ne sont pas des plus voyants ni leurs fleurs parmi les plus spectaculaires. Les calamagrostis sont plutôt des champions de l'efficacité. Au printemps, ils poussent vite et bien sans rien demander et sans jamais vous encombrer. Droits comme des I, ils sont couverts d'épis huit mois sur douze et décoratifs quasiment toute l'année. Ce sont vraiment des graminées de tout premier choix.

Portrait

▲ *C. acutiflora* 'Karl Foerster' adopte un port particulièrement dressé en sol sec.

On identifie généralement assez facilement les calamagrostis à leur silhouette plutôt étroite et strictement dressée vers le ciel comme un point d'exclamation. On cultive surtout deux variétés de *Calamagrostis acutiflora*. Leurs feuilles très effilées sont d'un vert frais ou rayées. La floraison précoce produit dès le mois de juin des panicules largement ouvertes d'un brun pourpré au sommet de chaumes très raides. En été, elles jaunissent et se referment (*acutiflora* : à fleurs pointues). Pouvant alors paraître très ordinaires vues de près, elles sont véritablement transfigurées par les reflets du soleil, qui les rend semblables à de l'or. Les inflorescences s'ouvrent à nouveau quand les graines mûrissent, ornées de duvets. Elles restent ensuite décoratives durant la plus grande partie de l'hiver alors que le feuillage se parchemine.

▲ Ses épis dorés resplendissent au soleil d'été.

Croissance et dimensions

Les jeunes feuilles apparaissent très tôt au mois de mars, quand la plante sèche est encore parfois bien jolie. La croissance rapide est étonnante et réjouira les jardiniers pressés. En mai, la touffe est déjà haute mais ne s'étend pas très vite en largeur, ce qui limite son encombrement et permet d'installer cette graminée avoisinant les 2 m dans un espace étroit.

Culture et soins

Les calamagrostis poussent quasiment seuls dans des terrains très ordinaires. Ils se passent assez bien d'arrosage. Un sol pauvre et correctement drainé favorise un port étroit bien dressé. Ils sont alors très résistants aux orages et aux chutes de pluie ; les chaumes plient sous le poids de l'eau, mais se redressent ensuite. En terrain riche, ils peuvent souffrir d'étés très pluvieux et avoir tendance à verser. Comme seul entretien, les calamagrostis demandent une taille très courte en toute fin d'hiver, juste au-dessus des jeunes pousses qui pointent.

❀ **Multiplication** : procédez par division de touffes au printemps ou en automne afin de conserver les caractères propres à chaque variété. Ces hybrides produisent rarement des semences fertiles.

Faites votre choix

Calamagrostis acutiflora 'Karl Foerster'
Hauteur : 1 à 1,80 m.
Distance de plantation : 70 cm.
Il forme une colonne étroite et dressée de feuillage vert frais au printemps. Les nombreux épis bruns dorent en été.

▶ *Calamagrostis acutiflora* 'Overdam'
Hauteur : 0,70 à 1,40 m.
Distance de plantation : 70 cm.
Légèrement moins haut, il se distingue surtout par un feuillage très finement rayé de blanc, qui produit un effet argenté très raffiné auquel s'ajoutent des nuances de rose au printemps. Les panicules nettement pourprées en début de floraison virent ensuite au beige.

Utilisations et associations

Leur silhouette élancée se prête surtout à des effets de symétrie de part et d'autre d'une entrée, autour d'une terrasse ou dans l'angle de bâtiments. Profitez également de leur croissance rapide pour donner sans attendre une dimension verticale à vos massifs de fleurs. Ils les mettront en valeur sans leur faire concurrence car ils sont peu gourmands. Dans vos nouvelles créations, ils feront bon ménage avec des sauges, des asters et des graminées au port retombant, plus arrondi ou évasé comme les pennisetums ou certains miscanthus. Leur floraison précoce est un atout puisqu'il faut souvent attendre la fin de l'été pour admirer les épis ou les fleurs de plantes aussi hautes.

'Karl Foerster' peut d'ailleurs constituer un écran durable efficace pour préserver une certaine intimité sans obstruer totalement la vue. Cette variété tient aussi très bien en pot. Sa résistance au froid évite de mettre en place des systèmes de protection contraignants, si le pot est assez solide...

Remarquables par leur couleur orangée, les fines feuilles de *Carex testacea* contournent en souplesse les touffes de fétuques voisines.

Carex

Dimensions : 20 à 150 cm. **Sol :** frais à humide. **Exposition :** soleil ou mi-ombre.

Rivalisant d'éclat dans les lieux frais, les carex poussent en touffes arrondies aux multiples couleurs variant du vert panaché au bronze le plus étonnant. Leur diversité encore peu exploitée devrait permettre dans les prochaines années d'apporter une appréciable nouveauté au décor des berges, des zones humides et des jardins aquatiques.

Portrait

Différents des graminées vraies (Poacées) sur le plan botanique, les carex appartiennent à une famille voisine, celle des Cypéracées. Regroupant plusieurs centaines d'espèces, ils représentent le genre le plus cultivé de la famille. De cette abondante diversité, on ne peut tirer que quelques caractéristiques générales. Contrairement aux Graminées, ils produisent rarement des inflorescences spectaculaires car leurs fleurs sont assemblées en petits groupes discrets. Poussant en touffes généralement assez basses, ils adoptent souvent une silhouette arrondie, leurs feuilles retombant en cascade sur les côtés. Ils brillent par les innombrables coloris de leur feuillage, assez souvent persistant : vert, brun, bronze, cuivré, doré ou diversement rayé.

Le feuillage brun rosé de *Carex comans* 'Bronze' est l'un des plus originaux du genre.

Croissance et dimensions

Exceptées quelques espèces envahissantes *(Carex pendula)*, les carex cultivés dans les jardins restent en touffes qui s'élargissent peu à peu en gros coussins ravissants. En s'allongeant, les feuilles les plus fines peuvent « couler » sur les plantes voisines, formant d'étonnants tourbillons dans un effet de ruisseau. Les jeunes feuilles naissent tôt en fin d'hiver et les plantes se trouvent déjà au meilleur de leur forme au printemps. Elles le restent généralement tant que le temps n'est pas trop chaud. Sur le plan décoratif, les carex sont donc un complément idéal au spectacle plus tardif de la plupart des graminées qui deviennent remarquables en été et à l'automne.

Culture et soins

De nombreux carex poussent dans la nature dans des lieux frais sur la rive des fleuves ou dans les marais, dans des sols plutôt acides et riches en humus. Les plantes cultivées ont conservé des préférences similaires mais l'éventail des possibilités reste largement ouvert.

En étant très général, on peut distinguer les carex à feuillage vert ou panaché de ceux à feuillage brun, bronze, voire orangé, dont beaucoup sont originaires de Nouvelle-Zélande. Ces derniers doivent être installés dans un terrain bien drainé pour résister au froid jusqu'à – 12 ou – 15 °C environ. S'il ne pleut pas, quelques arrosages en été sont nécessaires. Des expérimentations sont en cours, dans le but de proposer des espèces mieux adaptées aux terrains secs.

Ceux à feuillage vert, doré ou panaché sont plus résistants au froid et apprécient les sols frais. Au soleil, les feuilles panachées de jaune sont plus colorées. Dans des zones moins humides, une exposition à l'ombre légère préviendra un dessèchement prématuré du feuillage.

Un enrichissement en terreau de feuilles à la plantation puis des apports de compost réguliers seront profitables. N'hésitez pas à coupez les chaumes défleuris si les inflorescences ne vous paraissent pas décoratives. En fin d'hiver, vous pouvez tailler court les plantes à feuillage caduc comme pour les graminées. Sur les autres, l'élimination régulière des feuilles desséchées suffira. Extirpez-les directement à la main ou à l'aide de ciseaux.

Faites votre choix

Feuillages verts

▲ *Carex caryophyllea* (syn. *Carex umbrosa*)
Hauteur : 45 cm.
Distance de plantation : 50 cm.
Son fin feuillage retombant en cascade reste vert foncé. 'The Beatles', ainsi nommée en raison de sa chevelure épaisse, est une variété plus basse (20 cm) qui conserve un fin feuillage de couleur vert clair toute l'année.

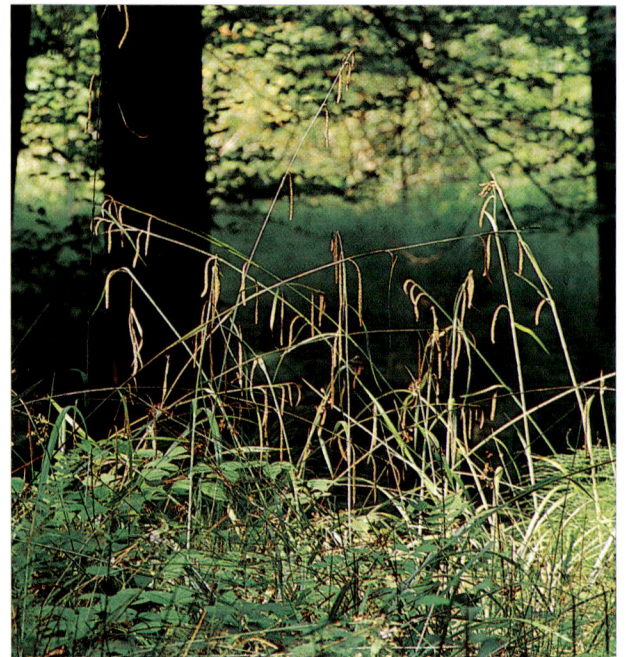

▲ *Carex muskingumensis*
Hauteur : 60 à 80 cm.
Distance de plantation : 60 cm.
Appelé carex à feuilles de palmier, il présente un feuillage vert clair caduc, très fin, disposé en touffe dressée et produit en juin de curieuses inflorescences brunes assez décoratives. Une bonne terre de jardin arrosée par temps sec en été peut lui suffire.

▲ *Carex pendula*
Hauteur : 0,60 à 1,50 m.
Distance de plantation : 1 m.
Son port arqué très élégant ne doit pas faire oublier son caractère envahisseur en sol frais. Ses innombrables graines se ressèment par centaines jusque dans les joints des pavés. On peut isoler cette espèce à l'ombre en lui ménageant une place dans une zone naturelle régulièrement tondue.

Feuillages dorés ou panachés

▲ *Carex conica* 'Snowline'
Hauteur : 20 cm.
Distance de plantation : 30 cm.

Il s'élève lentement en forme de dôme et grandit davantage en sol riche. Persistant, le feuillage est vert foncé marginé de blanc.

▲ *Carex elata* 'Aurea'
(syn. 'Bowles Golden')
Hauteur : 30 à 60 cm.
Distance de plantation : 50 cm.
Ses feuilles étroites dressées puis retombantes forment une touffe qui s'étoffe peu à peu. Entièrement dorée au soleil, la teinte est surtout remarquable au printemps. Les feuilles peuvent brûler en été si l'exposition est trop chaude. Plantez-le en sol toujours frais, voire très humide. De fines inflorescences brunes apparaissent en mai.

▲ *Carex oshimensis* 'Evergold'
Hauteur : 15 cm.
Distance de plantation : 30 cm.
Les feuilles vertes persistantes sont marquées au centre d'une bande jaune crème particulièrement lumineuse. Elles poussent en touffes étalées très denses et couvrant bien le sol. Évitez autant que possible les expositions trop chaudes ainsi que celles très froides en hiver.

▲ *Carex morrowii* 'Variegata'
Hauteur : 30 à 40 cm.
Distance de plantation : 50 cm.
Ses feuilles vertes persistantes sont bordées d'une ligne blanche plus ou moins prononcée. C'est une variété qui est robuste, rustique et touffue, pour sol frais à mi-ombre. 'Fischer's Form' est encore plus lumineux.

Les graminées du jardin 77

Feuillages bruns

▲ *Carex buchananii*

Hauteur : 40 à 60 cm.
Distance de plantation :
50 cm.
Ce carex se dresse en touffe de feuilles persistantes, fili-formes, d'un brun acajou nuancé de rouge. Placez-le au soleil dans un sol bien drainé. Il arrive que ce carex se ressème naturel-lement, notamment dans les gravillons.

▲ *Carex albula*
'Frosted Curl'
Ce carex paraît davantage argenté et ses feuilles fines forment parfois de larges boucles aux extrémités. Proche de *Carex comans* 'Bronze', *Carex flagellifera* porte des feuilles d'un beau coloris bronze.

▲ *Carex comans*
'Bronze'
Hauteur : 30 cm.
Distance de plantation :
60 cm.
Il se distingue du précédent par un port très étalé dû à l'allongement de ses feuilles très fines, qui sont d'un brun rosé toute l'année.

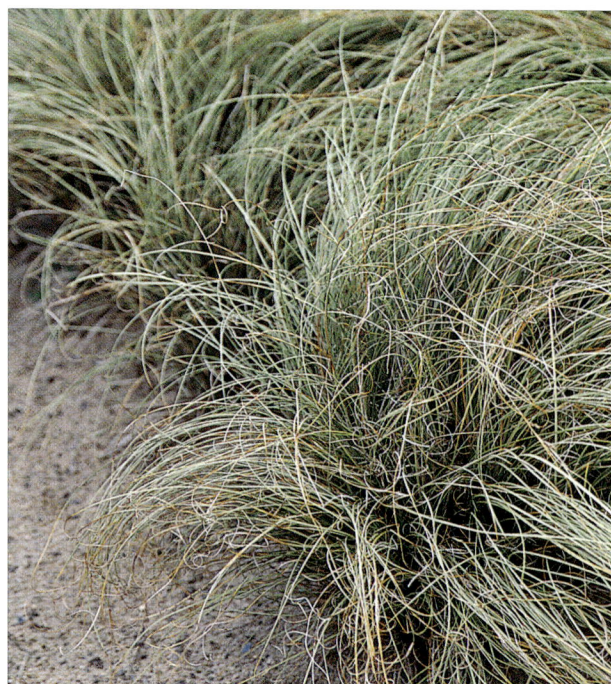

▲ *Carex testacea*

Hauteur : 30 à 40 cm.
Distance de plantation :
60 cm.
C'est l'un des plus rus-tiques carex bruns. Les feuilles vert olive à la base deviennent nettement orangées en se développant. D'abord dressées, elles s'étalent sur le sol en s'allongeant.
Carex dipsacea se colore uniquement à l'extrémité des feuilles.

Utilisations et associations

Dorés (*Carex elata* 'Aurea') ou à feuillage brun (*Carex comans* 'Bronze', *Carex buchananii*), les carex forment un genre aux espèces contrastées.

Moins exigeants en matière de soleil et appréciant la fraîcheur, les carex se partagent facilement un jardin avec leurs cousines graminées. Les abords des pièces d'eau sont parfaits : étang, bassin d'ornement ou simple fontaine, tout est bon ! Certains carex à feuillage vert tolèrent même facilement des terrains passagèrement inondés. Ne les confondez pas cependant avec des plantes aquatiques : inutile de les installer dans l'eau du bassin. Les carex à feuillage brun doivent de préférence conserver les racines au sec, prendre place plus haut sur les berges. L'ombre légère de grands arbres conviendra également à condition que le sol ne soit pas encombré de leurs racines, ce qui l'assècherait beaucoup trop. Une bonne terre de jardin riche en humus conserve bien mieux la fraîcheur.

❀ **Associez les carex à des plantes à fleurs.** Dans toutes ces situations, les carex pourront être associés aux plantes à fleurs dites « de berge » et à un bon nombre de vivaces d'ombre. Le choix reste donc très ouvert. Avec des hostas à feuillage panaché et des fougères, vous obtiendrez des scènes très élégantes mêlant dentelles et camaïeux en vert et jaune, acide ou doré. Parmi les fleurs, les violas, les campanules, les ancolies ajouteront de douces couleurs au printemps. Les anémones du Japon en automne et les hellébores en hiver prendront le relais. Dans les lieux très frais en plein soleil, vous pourrez compter sur les hémérocalles, notamment celles à petites fleurs (*H. citrina*), d'aspect plus naturel et dont certaines sont parfumées. Près des bassins, les iris d'eau très verticaux compléteront les belles rondeurs des touffes de carex.

Au soleil, les espèces à feuillage brun produiront des effets remarquables associés à des feuillages argentés et à des fleurs jaune soufre (*Coreopsis verticillata* 'Moon Beam', molènes hybrides, *Scabiosa ochroleuca*) ou orangées.

❀ **Sur une terrasse** ou un balcon, les carex se plairont également en pots si l'exposition n'est pas trop chaude. Leur feuillage retombant sera mis en valeur dans une potée suspendue ou placée sur un socle. Les plantes persistantes restent ainsi décoratives toute l'année. Afin de préserver la fraîcheur du terreau, ne videz pas systématiquement les soucoupes en été sous les variétés à feuillage vert, qui ne craignent pas ces excès. Isolez les plus volumineux dans un pot unique. Des associations dans de profondes balconnières conviennent seulement aux petites formes ou aux jeunes plantes. C'est un décor original à associer aux traditionnelles pensées. Dans le terreau bien drainé des carex bruns, on peut ajouter quelques bulbes à fleurs printanières (narcisses, muscaris, tulipes des bois).

Multiplier

La division des plantes réussit bien au début du printemps. *Carex buchananii* peut se ressemer naturellement sans excès.

Chasmanthium latifolium

Dimensions : 60 à 80 cm. **Sol :** tout sol, pas trop sec. **Exposition :** soleil ou mi-ombre.

*Sobrement vêtue de vert jusqu'au cœur de l'été, cette élégante graminée,
autrefois nommée Uniola, révèle peu à peu tout son charme quand approche l'automne.
Ses épillets se font bijoux, son feuillage flamboie. Faut-il la cueillir pour l'immortaliser
ou la laisser là tout l'hiver, parée tour à tour de givre ou de rosée ?*

Portrait

feuillage devient doré à son tour et l'ensemble de la plante peut conserver sa forme tout l'hiver.

Observez les épis de près pour admirer l'évolution et la subtilité des colorations d'automne.

Les chaumes fins portent tout du long des feuilles assez larges et très souples de 20 cm de longueur environ (voir ci-dessus). L'ensemble est uniformément vert et luxuriant. Les épis se forment en août à exposition chaude ou en septembre. Des épillets très larges et particulièrement plats les composent. Leur poids incite les chaumes à se courber gracieusement. Leur couleur verte les dissimule quelque peu dans le feuillage puis, progressivement, des couleurs d'automne apparaissent, redessinant leurs contours aussi sûrement que le ferait un peintre. Bronze, orangé, saumon : la palette est variable, toujours plus éclatante au soleil. Alors, le

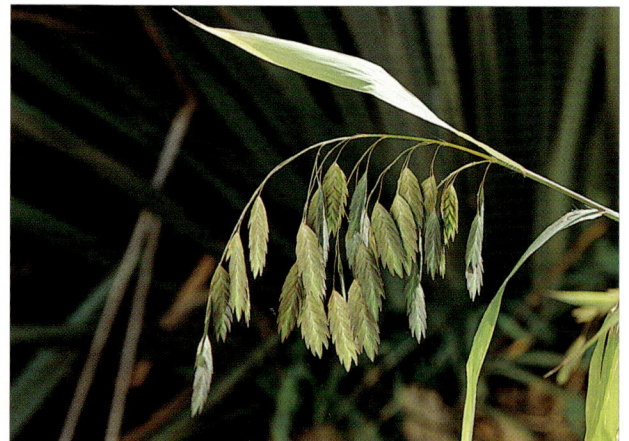

Croissance et dimensions

Une plante bien installée atteint 60 à 80 cm de hauteur. Elle reste en touffe serrée. Pour composer un groupe, espacez les jeunes plants de 50 cm environ. La croissance varie en fonction des régions et des conditions climatiques. Dans le Sud, elle peut démarrer très tôt, de jeunes pousses vertes se formant parfois en fin d'automne. Dans le Nord, en revanche, le démarrage peut tarder au printemps et il est parfois nécessaire d'installer la plante contre un mur bien exposé pour qu'elle fleurisse dans de bonnes conditions.

Culture et soins

▲ Au soleil, *Chasmanthium latifolium* présente de belles couleurs d'automne.

Facile à cultiver *Chasmanthium latifolium* accepte de pousser dans de nombreuses situations, notamment à mi-ombre et dans un sol assez sec. Cependant, une bonne terre et quelques arrosages favorisent la luxuriance du feuillage. La chaleur fait fleurir cette espèce plus tôt et le soleil lui donne de plus belles couleurs d'automne. À l'ombre, elle tend à s'alanguir. Le seul entretien consiste à la couper au ras de terre au printemps pour laisser la place aux nouvelles pousses de l'année.

Utilisations et associations

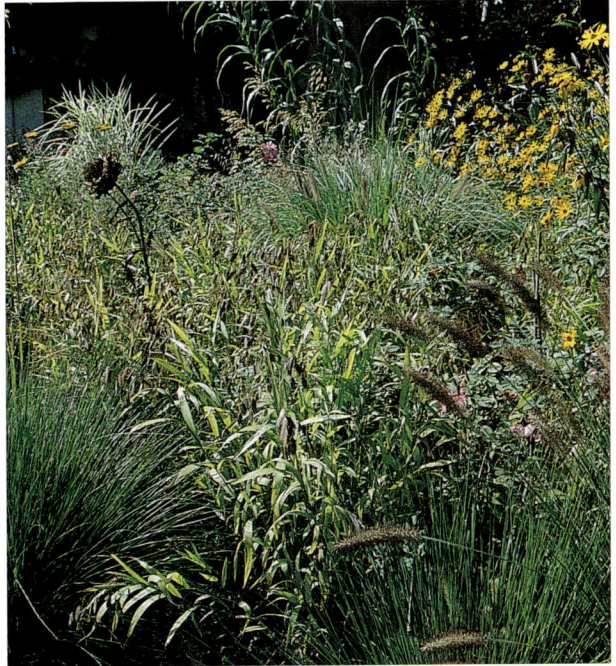

▲ *Chasmanthium latifolium* peut être intégré en larges groupes dans les massifs de vivaces en compagnie d'autres graminées aux silhouettes différentes : *Stipa gigantea* haute et pennisetums bien ronds.

Cette espèce est l'une des meilleures graminées à intégrer dans les massifs de fleurs traditionnels. Elle saura profiter d'une bonne terre de jardin. Contre un mur de pierres en climat froid, elle trouvera une chaleur réconfortante si elle est exposée au soleil. Pour une utilisation plus large, elle se plaira également à la lisière des arbres au fond du jardin, où elle peut former de larges groupes dont les couleurs d'automne se remarqueront de loin. Enfin, ne manquez pas l'occasion de la cultiver dans une belle potée de terre cuite vernissée, installée sur la terrasse ou le balcon, car elle y assurera un décor précieux de très longue durée.

Bien évidemment, ses épis si particuliers font de remarquables bouquets, qu'ils soient frais ou secs.

Multiplication

Vous pouvez en abuser à moindres frais car ses graines se ressèment facilement, naturellement dans le jardin s'il est assez frais ou sous surveillance en godets. On peut également diviser les touffes de *Chasmanthium latifolium* au printemps.

Cortaderia selloana 'Rosea'.

Cortaderia

(Herbe de la pampa)

Dimensions : de 1 à 2 m et jusqu'à 2 ou 3 m en fleur. **Sol** : tout sol sec à frais, bien drainé en hiver. **Exposition** : plein soleil.

Venue des prairies d'Amérique du sud, cette herbe phénoménale trône au milieu d'un nombre considérable de pelouses. Ce fut sans doute la graminée la plus plantée dans les jardins à partir des années 60. Mal connue et banalisée par cet usage trop systématique de géant isolé, ne mériterait-elle pas une réhabilitation ? Les variétés récentes au feuillage panaché, très florifères, robustes et pour certaines de dimensions réduites devraient s'intégrer beaucoup plus facilement dans les jardins actuels.

Portrait

Les panaches argentés de *Cortaderia selloana* sont immenses et restent en forme tout l'hiver.

les variétés récentes offrent des coloris plus lumineux, souvent panachés de blanc, de crème ou de jaune. La floraison produit tardivement, de fin août à septembre, de grands plumets argentés.

Il existe des plantes mâles et des plantes femelles (espèce dioïque). Les inflorescences mâles sont plus larges mais souvent décevantes car de tenue limitée après la dissémination du pollen. En revanche, les fleurs des plantes femelles persistent facilement tout l'hiver. Elles sont davantage recherchées et sélectionnées pour la vente par les pépiniéristes consciencieux.

Cortaderia selloana 'Pumila', de taille réduite et qui fleurit très généreusement, est une nouvelle variété prometteuse.

L'herbe de la pampa fut d'abord connue sous le nom de *Gynerium argenteum*. Elle forme une touffe de longues feuilles assez étroites aux bords coupants, d'abord dressées puis retombant élégamment jusqu'à terre. Le feuillage est persistant. La plante la plus répandue est d'un vert mat bleuté, mais

Croissance et dimensions

La touffe adulte est vigoureuse et occupe facilement 5 m². Une fois qu'elle est installée, il n'est pas facile de la déloger ! En revanche, les racines ne s'étendent pas au-delà et les graines se ressèment rarement dans un jardin. Les plumets de l'herbe de la pampa peuvent culminer à près de 3 m, même s'il existe des variétés relativement naines.

Culture et soins

Cette plante n'est pas exigeante pour survivre, mais que penseriez-vous d'une touffe hirsute, au cœur dégarni, encombrée de feuilles sèches et qui fleurit mal ? Pour entretenir la beauté de ce monument végétal, un terrain frais ou bien arrosé en été est vivement recommandé. Dans les jardins ruraux, on la plantait autrefois à la sortie du réseau d'assainissement. Une telle zone constamment fraîche et cependant drainée en hiver lui convient car ses racines redoutent davantage l'humidité stagnante que le froid.

Des apports réguliers de fumier décomposé ou d'engrais organique favorisent le maintien d'une végétation abondante. Le manque de nourriture est souvent la principale cause d'une floraison défaillante. En climat doux, *Cortaderia selloana* reste belle tout l'hiver. La taille des chaumes secs ne s'impose qu'au début du printemps afin de ne pas gêner la croissance des jeunes pousses, qui assureront le renouvellement annuel du feuillage.

Un climat plus rude ne justifie pas un rabattage en règle de toute la végétation. Le cœur de la touffe sera bien protégé si vous prenez la précaution de redresser les feuilles vers le haut et de les lier en gerbe. Vous profiterez ainsi le plus longtemps possible de la floraison. Au printemps, il suffira de défaire cet « emballage » et de procéder à la taille.

Faites votre choix

▲ *Cortaderia selloana* 'Rosea'
Hauteur : 1,50 à 2,50 m.
Distance de plantation : 2 m.
Cette plante se distingue par ses grands plumets d'un beau coloris rose doux ressortant bien sur le feuillage vert bleuté. Ceux-ci virent assez rapidement au beige.

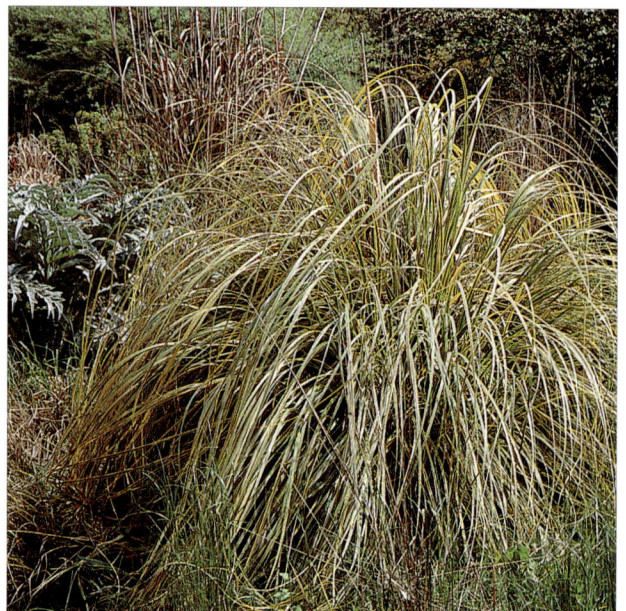

▲ *Cortaderia selloana* 'Gold Band'
Hauteur : 1,20 à 2 m.
Distance de plantation : 2 m.
Elle porte des plumets blanc argenté. De dimensions moyennes, elle s'intègre plus facilement dans les jardins, et son feuillage lumineux rénove nettement l'image traditionnelle et un peu terne de cette espèce.

Les herbes de la pampa permettent de constituer des haies imposantes et décoratives.

Cortaderia richardii fleurit plus tôt que *Cortaderia selloana* mais résiste plus difficilement au froid.

Utilisations et associations

Caricaturale, la touffe isolée sur la pelouse n'est plus appréciée ! De plus, ses longues feuilles très coupantes devraient être raisonnablement éloignées des zones de passage et de jeux des enfants.

L'arrière-plan d'un massif conviendra mieux. Une variété de taille moyenne à feuillage panaché y trônera comme une reine, associée, dans le sud et l'ouest de la France, à des phormiums au feuillage rayé de pourpre et à un groupe de cannas fleuris tout l'été en jaune, rouge ou orangé. L'effet sera presque exotique. Si, dans votre région, les hivers sont plus rudes, ajoutez plutôt à l'avant (en respectant une bonne distance) un massif de hautes vivaces fleuries en été puis en automne en mêlant eupatoires ou filipendules à fleurs plumeuses roses et inules à fleurs jaunes.

Enfin, cette plante est remarquable plantée en groupe, pour former une haie ou délimiter une zone protégée dans le jardin. Les chaumes très solides résistent au vent, même en bord de mer.

Multiplication

Les semis sont à déconseiller pour l'amateur car ils ne reproduisent pas fidèlement les variétés. Les touffes vite imposantes ne se divisent pas comme un pied de marguerites… Vous pouvez essayer de déterrer des pousses latérales. Pour obtenir plusieurs plantes à partir d'une seule, mieux vaut la diviser quand elle est bien développée mais encore jeune.

Une plante trop hardie ?

Certains catalogues ont rayé de leur liste le genre *Cortaderia*. Très à l'aise en climat chaud, la plante s'échappe des jardins en confiant ses graines au vent. Elle germe alors dans les espaces libres, les terrains vagues ou les remblais récents comme le fait également l'arbre aux papillons *(Buddleia davidii)*. Il semblerait que les naturalistes s'en inquiètent, estimant que ces hardies colonisatrices pourraient supplanter les espèces locales et qu'il est donc opportun d'en interdire la vente.

Deschampsia cespitosa

Dimensions : 60 cm et 1 m en fleur. **Sol** : sol ordinaire, même lourd et humide. **Exposition** : soleil ou mi-ombre.

De juin à décembre, les deschampsias semblent pousser sous un nuage permanent. Sous le soleil ou la rosée, c'est une myriade d'épis minuscules qui jettent des étincelles. Ne vous y trompez pas car cette apparente délicatesse cache un caractère de plante robuste et bien trempée.

Portrait

Un pied de deschampsia, c'est d'abord une touffe drue de fines feuilles bien vertes et hérissées (*voir ci-dessus*). La floraison ne se fait pas attendre. Les épis pointent déjà en juin puis déploient leurs innombrables ramifications. Ils sont faits de particules minuscules qui produisent ce bouquet de brume si caractéristique. D'abord verts, ils s'éclaircissent en blanc et doré ou foncent dans des tons bronze ou violacés. L'apparence est toujours la même, seule la couleur générale des épis change en fonction des variétés sélectionnées. Une fois les graines dispersées, les chaumes persistent couronnés de fines brindilles qui sont un peu l'âme des fleurs passées.

Croissance et dimensions

Si l'hiver n'est pas trop rigoureux, les touffes restent vertes et, si elles viennent à sécher, les nouvelles apparaissent au moins très tôt au printemps. Les feuilles excèdent rarement 60 cm de hauteur alors que les épis bien perchés montent au moins à 1 m, parfois davantage en sol riche. Cela donne une allure originale de plante à deux étages : verdoyante en bas et nuageuse au sommet, un peu comme en montagne…

Culture et soins

Que les jardiniers qui maudissent leur sol lourd et argileux se réjouissent. Voici l'occasion d'en alléger le décor. Les deschampsias seront particulièrement à l'aise dans ces conditions insupportables pour tant d'autres végétaux d'ornement, allant même jusqu'à tolérer des inondations passagères. Si, en plus, vous manquez de soleil, cela ne les découragera pas car ils savent également fleurir à mi-ombre. À l'ombre, ils poussent aussi mais fleurissent peu. Dans un espace ensoleillé, une bonne terre de jardin est nettement préférable à un sol sec et pauvre. Les feuilles manifestent leur besoin d'eau en s'enroulant sur elles-mêmes. Il suffit de les observer.

Faites votre choix

La variété 'Bronzeschleier' fleurit beaucoup dans des tons relativement foncés de brun doré.

La variété 'Goldschleier' se fait remarquer par des épis particulièrement dorés.

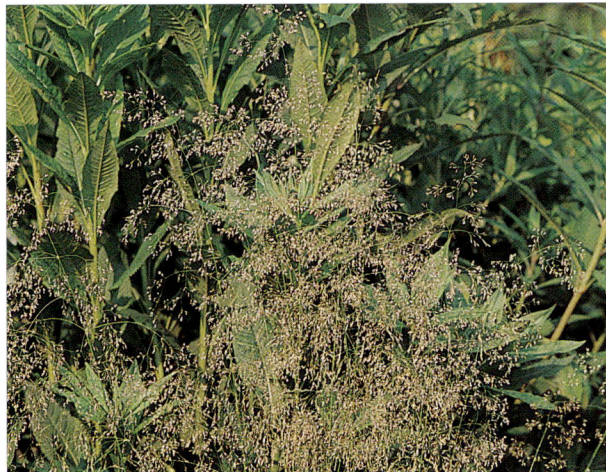

'Goldgehange', également dorée, est une variété très «aérienne» qui fleurit plus tard que les autres en juillet-août.

Utilisations et associations

Misez sur l'effet de masse en groupant au moins trois plantes d'une même variété. Vous pouvez les installer parmi les fleurs dans l'ensemble d'un massif pour constituer une toile de fond. Au printemps, les touffes vertes serviront d'écrins aux narcisses et aux tulipes. En été, les couleurs les plus vives des rosiers seront adoucies par l'effet vaporeux des épis, qui pourra aussi bien alléger en automne l'avalanche fleurie des asters. Enfin, quand les couleurs des fleurs s'éteindront avec le froid, il restera encore longtemps ce nuage scintillant veillant sur ses voisines endormies.

Il est à noter que ces épis clairs et lumineux sont bien mis en valeur sur un fond sombre. Vous pouvez donc en égayer l'avant d'une haie ou d'un bouquet d'arbustes à feuillage pourpre (noisetiers) ou panaché. Dans une cour ou sur une terrasse, une large potée sera longtemps remarquable devant un mur recouvert de lierre ou de vigne vierge.

Multiplication

En plantant plusieurs variétés dans le jardin, des semis naturels peuvent révéler des plantes hybrides ou conformes à l'espèce d'origine. L'expérience peut vous tenter. Il suffit de récolter les jeunes plants puis d'observer leur évolution en les plantant au jardin. Pour conserver intact leur caractère, procédez plutôt par division des touffes au printemps.

Une graminée très naturelle

Deschampsia cespitosa est une graminée européenne de la famille des Poacées qui pousse naturellement en France dans les forêts et les prés humides, près des sources ou des cours d'eau. C'est souvent un indicateur de sols argileux compactés, peu drainés. On la nomme aussi canche gazonnante. Nous devons son nom latin à un naturaliste français né au XVIIIe siècle, Louis Deschamps.

Festuca

(Fétuque)

Dimensions : 15 à 60 cm et jusqu'à 30 à 80 cm en fleur. **Sol :** ordinaire, parfois pauvre et sec mais plutôt bien drainé. **Exposition :** soleil ou mi-ombre.

Les fétuques bleues furent parmi les premières graminées remarquées dans les parcs et jardins publics. Souvent taillée en boule, leur silhouette à la fois ronde et hérissée apportait une note très contemporaine, assortie d'un heureux caractère très tolérant à la sécheresse. On découvre à présent des utilisations plus libres et naturelles ainsi que des espèces aux couleurs et aux silhouettes variées.

Portrait

Les variétés les plus célèbres sont connues pour leur belle couleur gris-bleu qui persiste en toute saison (ci-dessus : *Festuca glauca*). Fines et rayonnantes à partir du centre de la touffe, les feuilles évoquent le hérisson ou la pelote d'épingles… Ce caractère un peu raide s'adoucit parfois dès le mois de mai avec la naissance des fleurs disposées en panicules légères au sommet de tiges souples et graciles.

Adoptant d'abord les mêmes tons que ceux des feuilles, les épis pâlissent au fur et à mesure de la formation des graines. Ils virent au blond en séchant. Leur tenue en hiver n'est pas des meilleures.

Croissance et dimensions

Les touffes de feuilles persistantes restent relativement basses, de 15 à 50 cm selon les variétés, gagnant de la hauteur durant la floraison. Elles s'étendent plutôt lentement en largeur, atteignant des dimensions généreuses chez *Festuca mairei*. Même en terrain favorable, les graines se ressèment très modérément.

Culture et soins

D'une manière générale, les fétuques bleues se portent mieux au soleil. Elles se montrent plus colorées et vivent plus longtemps en terrain pauvre, voire caillouteux, résistant bien à la sécheresse. Il devient inutile d'arroser une fois que la plante est installée.

Tailler ces plantes n'est pas obligatoire. Les jardiniers ordonnés adopteront un style strict consistant à supprimer les épis à la cisaille dès qu'ils mûrissent afin de privilégier l'aspect net de touffes hérissées. Le côté hirsute plaira davantage aux amateurs de naturel, qui préféreront conserver les épis secs. Quoique souples, les chaumes résistent bien et captent givre ou rosée tout en finesse. Au printemps, il est possible d'extirper les feuilles sèches des fétuques en peignant les touffes à l'aide d'un petit râteau… Plus radicalement, vous pouvez aussi bien procéder à une taille sévère et tout raser si les plantes sont abîmées.

Faites votre choix

▶ *Festuca glauca*
(Fétuque bleue)
Hauteur : 30 à 50 cm.
Distance de plantation :
30 à 40 cm.
Vous la choisirez en priorité pour un jardin en terrain sec car elle souffre de l'humidité stagnante et supporte mal la neige. Sa couleur se montrera d'autant plus bleue que le sol est pauvre et sableux.

Festuca amethystina
(Fétuque améthyste)
Hauteur : 30 à 50 cm.
Distance de plantation :
30 à 40 cm.
Les épis teintés de violet en mai et juin accentuent l'éclat bleu d'un feuillage filiforme. Ses touffes

S'hybridant très facilement, elle a donné naissance à de nombreuses variétés cultivées dont les noms ne sont pas toujours signalés sur les lieux de vente et qui diffèrent surtout par la hauteur des feuilles, variant de 15 cm à 40 cm. Les couleurs sont variables en intensité du gris argenté au gris bleu jusqu'au bleu prononcé.

s'étendent en largeur dans des sols très variés, au soleil ou à l'ombre légère de feuillus peu denses ou dans les pinèdes. Cette espèce tolère également mieux que la fétuque bleue des sols plus riches et plus humides.

▶ *Festuca mairei*
(Fétuque de l'Atlas)
Hauteur : 60 à 80 cm.
Distance de plantation :
1 m.
Cette fétuque vigoureuse possède des feuilles étroites formant des touffes franchement grises dont l'effet argenté contraste ensuite en douceur avec la couleur blonde de chaumes souples qui jaillissent du cœur de la plante en feu d'artifice. S'adaptant à des situations très variées, elle atteint cependant de très belles proportions dans une terre profonde et riche, mais peut aussi pousser jusqu'à 2 000 m d'altitude dans des sols secs ou frais au bord d'un ruisseau.

▲ *Festuca gautieri* (subsp. *scoparia*)
Hauteur : 15 à 25 cm.
Distance de plantation : 40 cm.
D'un vert foncé, cette variété s'étend en coussins gazonnants aux feuilles fines et raides. Nommée communément fétuque crin d'ours, elle existe à l'état naturel dans les Pyrénées. Un terrain ordinaire lui suffit, sec ou frais mais de préférence pas trop riche. Elle fleurit en juin-juillet en épis couleur paille.

une plante remarquable. Tolérant la richesse d'une bonne terre de jardin, elle se plaira dans un massif en compagnie de rosiers souples à fleurs simples et de vivaces telles que campanules ou scabieuses. Sa couleur argentée permet également de recréer une ambiance de dune dans un coin vallonné du jardin.

▲ Appréciant les terrains secs et le soleil, la fétuque bleue et les cistes fleurissent en même temps.

Utilisations et associations

Les fétuques bleues font de jolies bordures décoratives toute l'année par leur feuillage persistant. Une taille annuelle à la cisaille permet de les conserver bien nettes. Elles mettront en valeur les cistes, les iris, la lavande, les genêts et autres plantes de terrain bien drainé. Toutes se plairont dans les rocailles. Plantées en tapis, elles se laisseront traverser par les bulbes de printemps à conserver en place : tulipes botaniques, crocus, narcisses et ails d'ornement.
Festuca mairei a besoin de place pour exprimer son port en gerbe. C'est alors

Multiplication

Vous pouvez diviser les touffes au printemps puis après la floraison jusqu'au début de l'automne. C'est le meilleur moyen de conserver les variétés et de constituer des bordures à coût modique. C'est également indispensable pour régénérer des fétuques bleues âgées ou ayant souffert d'un hiver humide. Leurs touffes ont alors tendance à s'avachir comme si votre chat s'était couché dessus…

Hakonechloa macra

Dimensions : 30 cm. **Sol :** sol léger, riche et frais. **Exposition :** soleil ou mi-ombre.

Originaire du Japon, cette élégante évoque un feuillage de bambou. C'est l'une des meilleures graminées à cultiver en pot quand le jardin ne s'y prête pas. Elle marque en effet une nette préférence pour les climats doux et frais, réussissant particulièrement bien en Bretagne.

Portrait

Il faut souvent 8 à 10 ans pour obtenir une potée aussi généreuse.

Très alanguies, les tiges fines portent des feuilles souples assez larges, de couleur verte à l'origine. L'ensemble d'une plante bien développée semble alors couler comme l'eau d'une source et forme un large coussin étalé, les feuilles pouvant s'orienter dans une même direction. À l'automne, elles prennent des tons orangés. Des épillets minces apparaissent en août entre les feuilles. Chez les pépiniéristes, on trouve le plus souvent la variété à feuillage vert largement panaché de jaune nommée 'Aureola' (syn. 'Albo-aurea').

Croissance et dimensions

La touffe étalée devient plus large que haute (30 cm environ). La croissance reste cependant très lente la plupart du temps malgré une propagation par rhizomes traçants assez superficiels. Cette graminée peut s'étendre plus rapidement en guise de couvre-sol dans des conditions très favorables, mais le phénomène n'est jamais fulgurant…

Culture et soins

Fraîcheur et douceur sont au programme. Il faut avant tout un sol bien drainé pour assurer une bonne résistance au froid. Cette graminée sera très belle au soleil si la terre reste toujours fraîche. Dans le cas contraire, le feuillage brûle et sèche par endroits. Vertes et rayées de jaune au printemps, les jeunes feuilles de la variété 'Aureola' le restent si la plante est placée à mi-ombre, ce qui est recommandé en climat chaud. Au soleil, les couleurs pâlissent, évoluant vers des tons crème, mêlés de nuances rosées en été. La forme verte tolère davantage de soleil, de chaleur et une relative sécheresse.

❀ **Multiplication :** divisez les touffes au printemps.

Hakonechloa macra
Hauteur : 30 à 40 cm.
Distance de plantation : 50 cm.
L'espèce d'origine à feuilles vertes connaît relativement peu de succès auprès de l'amateur. C'est pourtant une plante au port élégant, plus facile à cultiver que la variété panachée et qui prend de très belles couleurs en automne.

Hakonechloa macra 'Aureola'
Hauteur : 30 à 40 cm.
Distance de plantation : 50 cm.
Le feuillage vert de cette variété, longuement rayé de jaune, évolue vers des tons plus clairs en plein soleil. L'effet d'ensemble varie donc énormément d'une situation à l'autre ce qui peut parfois faire penser qu'il existe sous le même nom des variétés différentes. De nouvelles variétés de *Hakonechloa macra* sont annoncées par les pépiniéristes, mais ne sont pas pour l'instant commercialisées en France. Parmi celles-ci, signalons 'Beni Fuchi', variété obtenue au Japon, qui possède un feuillage brun chocolat en été qui vire au rouge en automne.

▲ Tout jeune plant d'*Hakonechloa macra* 'Aureola'. En situation ombragée, la couleur de fond du feuillage est bien verte.

Utilisations et associations

▲ Au soleil, les panachures crème d'*Hakonechloa macra* 'Aureola' sont très marquées.

Il est surtout intéressant de mettre en valeur le feuillage en cascade en élevant la plante au-dessus du sol. Un massif surélevé par un muret de pierres favorisera par la même occasion un bon drainage du terrain s'il est naturellement un peu lourd. En Bretagne, la compagnie de somptueuses agapanthes est incontournable. Un paillis de gravier ou de galets peut également isoler le feuillage de la terre humide tout en imitant le décor d'un jardin japonais.
Enfin, aucune terrasse « zen » ne saurait se passer d'une potée d'hakonechloa se reflétant dans une eau calme environnée de touffes de bambous. Poussant lentement, elle peut rester de nombreuses années dans le même pot.

Hakonechloa, quel drôle de nom !

À propos de cette plante, le pépiniériste Thierry Denis a écrit dans son catalogue : « La botanique est bien l'art d'insulter les plantes en latin... » Où est-on allé chercher un nom pareil ? Tout simplement au Japon, dans la région d'origine de cette espèce, près du mont Hakone.

Hordeum jubatum
(Orge à crinière)

Dimensions : 50 à 60 cm. **Sol :** toute terre de jardin. **Exposition :** soleil ou mi-ombre.

C'est un peu la version « déco » de l'orge cultivée dans les champs. Plutôt annuelle et originaire du continent américain, l'orge à crinière s'est naturalisée en Europe. Elle brille dans les jardins par ses épis ornés de grands poils soyeux qui captent merveilleusement la lumière.

Portrait

Orge à crinière et ageratum : une association nouvelle pour les massifs d'été.

De ses petites touffes dressées surgissent au printemps et en été de larges épis plats en forme d'éventail. Ils sont hérissés de longues arêtes parfaitement ordonnées dont l'aspect soyeux renvoie la lumière en rayons irisés, tantôt verts, tantôt rosés ou argentés selon l'inclinaison des tiges, souvent agitées par le vent. Au moindre rayon de soleil, le spectacle hypnotise le passant contemplatif… Puis les épis éclatent quand les graines sont mûres et sont dispersés par le vent.

Croissance et dimensions

Les tiges de l'orge à crinière portant les épis peuvent atteindre 50 à 60 cm de haut. Elles sont le plus souvent gracieusement arquées sous leur poids. Espacez les plants de 20 à 25 cm environ.

Culture et soins

Évitez simplement d'installer les plants d'orge à crinière à l'ombre pour ne pas vous priver des effets de lumière. Ils poussent bien dans toutes les terres de jardin.

À partir du mois d'août, les graines de l'orge à crinière se dispersent.

❋ **Multiplication :** la première année, achetez des graines et semez-les en godets au printemps. Par la suite, l'orge à crinière se ressème avec une intensité variable selon les situations, mais parfois très généreusement. Soyez donc prudent. Bien que les jeunes semis soient faciles à éclaircir, la cueillette des épis vous permettra de limiter leur nombre et d'observer comment ils se multiplient dans votre jardin.

Utilisations et associations

Comme pour *Briza maxima*, vous intégrerez de jeunes plants dans les espaces vides des massifs de fleurs et aussi à l'avant des rosiers ou au second plan des plates-bandes. Il est conseillé de récolter les épis avant qu'ils ne se dispersent pour les conserver en bouquets secs.

Imperata cylindrica

Dimensions : 50 cm. **Sol :** riche et bien drainé. **Exposition :** soleil.

La seule plante cultivée dans ce genre mérite cependant qu'on la cite car elle est véritablement étonnante. Son feuillage conserve du printemps à l'automne une teinte rouge sang spectaculaire. C'est toutefois un décor d'exception qui demande une certaine patience.

Portrait

▲ *Imperata cylindrica* 'Rubra' n'a pas usurpé son surnom d'herbe rouge !

Imperata cylindrica 'Rubra' (syn. 'Red Baron' ou baron rouge en français) est la seule forme cultivée. Ses feuilles étroites, allongées, fines mais bien dressées sortent directement du sol. Colorées en vert, elles prennent rapidement une teinte rouge très prononcée qui s'enflamme dès que le soleil filtre au travers. La coloration persiste et s'intensifie en été puis en automne. Si la chaleur est suffisante, la floraison peut se produire en octobre pour donner des épis étroits et soyeux d'un blanc argenté. C'est assez rare du fait des origines tropicales de l'espèce. Le feuillage se dessèche ensuite sous l'effet du froid prenant une teinte fauve.

Croissance

Les feuilles de cette graminée atteignent assez vite 30 puis 50 cm de hauteur mais, sous nos climats, surtout au nord de la France, la plante s'étend très lentement en largeur (par des rhizomes traçants assez superficiels). Comptez au moins deux ans avant que Sa Majesté ne se décide à vraiment pousser. Espacez les plants de 40 cm.

Culture

Un sol fertile, bien drainé mais suffisamment frais favorisera la croissance de la plante. Placez-la de préférence en plein soleil, à exposition chaude mais pas trop sèche… Une fois bien installées, les touffes résistent mieux à la sécheresse. En attendant, un paillage conservera la fraîcheur du sol et évitera la concurrence des mauvaises herbes.

Utilisations et associations

Placez cette graminée au chaud près d'un mur ou au pied d'un muret de pierres au coloris bien tranché. Pour remplacer les épis soyeux qui pourraient ne pas fleurir, ajoutez une touffe de mélique ciliée ou des plants d'orge à crinière (*Hordeum jubatum*). Des feuillages verts et des fleurs blanches mettront en valeur tout ce rouge. Essayez par exemple des campanules (*Campanula persicifolia* 'Alba'). Vous pouvez aussi couvrir le sol de galets ou de paillettes de lin, dont la couleur claire fera ressortir le rouge du feuillage. Pour surveiller les jeunes plants, optez pour une plantation en jardinière, longtemps décorative ; les rhizomes étant superficiels, il n'est pas nécessaire de disposer de pots très profonds.

Leymus arenarius

(Blé d'azur)

Dimensions : 80 cm de hauteur mais étalement considérable. **Sol :** adapté aux sols secs et légers. **Exposition :** soleil.

Ce genre se trouve essentiellement représenté par une seule espèce dans les jardins. Leymus arenarius est joliment nommé blé d'azur pour ses épis rappelant ceux du blé et la superbe coloration bleue de son feuillage. On aura beau vous prévenir de son caractère envahissant, quand vous l'aurez vu, vous aurez du mal à résister.

Portrait

▲ *Leymus arenarius* en août. Déjà dorés, les épis contrastent fortement avec la teinte bleue du feuillage.

Vous ne pourrez pas passer sans remarquer *Leymus arenarius*. Ses feuilles assez larges, rigides et terminées en pointe sont d'un bleu soutenu particulièrement attractif vous incitant à l'achat immédiat… Il est à noter que ce coloris s'avère très variable d'une plante à l'autre en fonction de leur origine. Il est probable que plusieurs hybrides encore mal identifiés soient vendus sous le même nom. Prenez donc le temps de comparer des plantes bien développées avant de choisir le bleu qui vous charmera vraiment. La floraison précoce en juin ou juillet produit des épis serrés hérissés au sommet de chaumes rigides. Ces épis presque aussi bleus que les feuilles dorent en mûrissant et persistent sur la plante jusqu'en décembre. Le feuillage sèche en hiver et le bleu devient beige.

Croissance et dimensions

Si les épis ne dépassent pas 80 cm de hauteur, en ce qui concerne l'étalement de la plante il faut bien réfléchir avant de céder à la tentation d'installer cette belle gerbe bleue dans le jardin. Ses rhizomes traçants s'allongent bien vite sous terre loin de la motte d'origine et de nouvelles pousses surgissent un peu partout. Sa parenté plus ou moins directe avec le chiendent n'est pas à négliger…

Culture et soins

L'extension de cette graminée est d'autant plus rapide que le sol est léger. *Leymus arenarius* se plaît au soleil en sol sableux, résiste parfaitement à la sécheresse et aux embruns. Vous pouvez donc le planter dans les jardins du bord de mer. Il est également capable de se développer en terrain plus lourd, mais cette situation ralentit considérablement son extension : c'est une particularité dont il faut profiter.
Une fois les épis bien épanouis, vous pouvez les couper pour vos bouquets secs et les utiliser comme ceux du blé. Leur taille est

△ *Leymus arenarius* est associé à des plantes aussi vigoureuses dont une herbe de la pampa encore jeune et un phormium à feuillage pourpre dans un ensemble très contrasté. La plantation au-dessus d'un muret peut freiner l'extension de cette plante envahissante.

avantageuse et leur tenue excellente. À cette époque, il est possible de rabattre la plante assez bas afin de favoriser une repousse vigoureuse. Cela a pour effet de densifier les touffes de *Leymus arenarius* qui peuvent sembler un peu maigres dans les jeunes plantations. L'apparition de nombreuses nouvelles feuilles tend également à raviver la couleur d'ensemble prolongeant son intérêt au jardin plus longtemps en automne.

Confusion des genres

Le genre *Leymus* est parfois confondu avec le genre *Elymus*, dans lequel on trouve également une plante tout aussi bleue, *Elymus magellanicus*, parfois nommée *Agropyron magellanicum* ! Celle-ci n'est pas traçante. Elle reste en touffe et fleurit en épis plus fins. Son feuillage est persistant en climat doux. Elle a horreur des étés pluvieux. Un sol sec et très bien drainé est indispensable pour assurer sa survie en hiver.

Utilisations et associations

La prudence est de rigueur dans les petits jardins car *Leymus arenarius* ne tient pas en place ! Le meilleur moyen d'en profiter reste alors d'installer trois plants dans un grand bac qu'il sera facile de camoufler l'hiver une fois le décor sec. Des obstacles minéraux peuvent également venir s'opposer à l'extension de cette graminée : plantez-la au pied d'un mur ou d'un muret, le long d'une allée goudronnée ou en roche compactée, sur un terre-plein dans une cour…

Au sein d'un massif classique, il faut diviser souvent les touffes pour éviter qu'elles ne dérangent leurs voisines en s'étalant. Si vous n'en avez pas le courage, adoptez plutôt dans vos compositions des graminées bleues plus sages telles que les fétuques bleues, *Sesleria caerulea*, *Poa labillardieri*, *Sorghastrum nutans* 'Indian Steel' ou *Agropyron magellanicum* (voir encadré). *Leymus arenarius* conviendra davantage à des espaces libres, voire ingrats qu'il pourra coloniser à sa guise en compagnie de graminées au même caractère : *Pennisetum incomptum* ou *Phalaris arundinacea*.

Pour apporter un complément fleuri à ces graminées, ajoutez de vigoureuses vivaces capables de soutenir la concurrence : *Oenothera missouriensis* à fleurs jaunes, *Oenothera speciosa* à fleurs roses ou *Nepeta* 'Six Hills Giant' bleu lavande. Des iris n'apprécieraient guère ce voisinage.

Melica

Dimensions : 40 à 60 cm et jusqu'à 1,20 m en fleur. **Sol :** sol ordinaire bien drainé. **Exposition :** soleil ou mi-ombre.

Il n'est pas toujours nécessaire de rapporter des plantes de Chine ou des Amériques pour décorer son jardin... Les méliques sont des graminées toutes simples dont plusieurs espèces sont très courantes dans les campagnes françaises, ce qui n'enlève rien à leur charme. De taille modeste, elles permettent d'ajouter un peu partout une petite touche champêtre.

Portrait

Ses inflorescences varient d'une plante à l'autre. D'une façon générale, les méliques sont des plantes discrètes en dehors de leur période de floraison, qui reste décorative de mai à août. Les épis se défont ensuite plus ou moins et le meilleur moyen de les conserver est encore de les couper avant leur complet épanouissement pour les faire sécher.

Croissance et dimensions

Les jeunes feuilles apparaissent en fin d'hiver et les plantes se développent surtout au printemps pour fleurir avant les chaleurs de l'été durant lesquelles elles marquent un net temps de repos. Les touffes de feuilles ne sont guère encombrantes et les méliques trouvent facilement leur place dans les petits jardins même si certaines fleurs peuvent atteindre 1,20 m de hauteur. Elles y apportent un cachet naturel.

Culture et soins

En ce qui concerne *Melica ciliata*, la culture est facile dans tous les terrains bien drainés, un peu secs et pauvres au soleil ou à mi-ombre. Dans la nature cette plante survit dans des conditions un peu rudes, sur des pentes caillouteuses et calcaires ou à la lisière des bois. Il est donc inutile de trop la gâter. Un sol riche et surtout humide en hiver diminue nettement sa durée de vie. Cette graminée ne demande aucune taille particulière si ce n'est la suppression des inflorescences sèches.

Faites votre choix

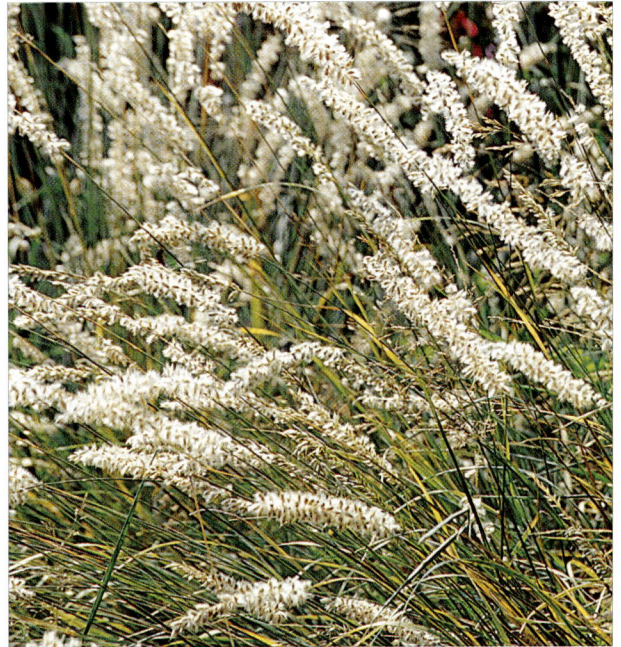

▲ *Melica ciliata*

Hauteur : 40 à 60 cm.
Distance de plantation : 60 cm.
Elle forme une touffe élargie de feuillage gris-vert, fin et un peu hirsute. Il en émerge en juin une profusion d'épis cylindriques assez étroits de 10 cm de long de couleur verte puis blanc crème. Les épillets garnis de cils argentés (*ciliata* : ciliée) produisent un effet soyeux, très lumineux à contre-jour. Elle ne se maintient bien qu'en sol parfaitement drainé. Chaque plante vit peu de temps, mais les graines se ressèment régulièrement et sans excès.

Utilisations et associations

Les longs épis beiges de *Melica ciliata* resplendissent dès le printemps et jusqu'en août.

S obre et peu exigeante, la mélique ciliée se plaira surtout dans un espace libre un peu sauvage et caillouteux en compagnie de voisines aussi frugales que les calaments, les thyms et d'autres graminées telles que les fétuques bleues, les stipas ou *Sesleria caerulea*. C'est idéal pour recréer un coin de nature dans le fond du jardin. Dans un petit jardin traditionnel, installez-la plutôt dans la rocaille que dans un massif de fleurs, où elle souffrirait rapidement de la concurrence de ses voisines. Plantée en large groupe, elle semble attirer toute la lumière du jardin ! Si vous cultivez la variété pourpre pour la fleur séchée, vous pouvez aussi l'installer en bordure du potager en l'arrosant modérément. Une fois les fleurs cueillies, il restera des touffes toujours vertes, que vous pouvez tailler pour leur conserver une belle forme.

Multiplication

L a division des touffes ne pose pas de difficultés, toutefois la mélique ciliée se ressème assez naturellement en sol bien drainé. Il suffit de conserver les jeunes plants en les éclaircissant si nécessaire pour assurer le renouvellement des plantations. Les semis de la variété à fleurs pourpres sont généralement fidèles. Recueillez les épis mûrs et conservez-les au sec dans une enveloppe pour effectuer le semis au printemps.

▲ *Melica altissima* 'Atropurpurea'
Hauteur : 0,60 à 1,20 m.
Distance de plantation : 50 cm.
Melica altissima s'avère plus délicate à réussir que *Melica ciliata* en fonction des situations. À l'ombre et au frais, les fleurs peuvent monter très haut surtout si elles trouvent un soutien auprès des plantes voisines, se glissant facilement par exemple entre les branches d'un arbuste. Si la plante est isolée, ses tiges auront tendance à s'affaler sous le poids des épis relativement lourds. Évitez de toute façon les expositions à la fois chaudes et sèches. On cultive essentiellement la variété pour les bouquets secs. En mai ou juin, de curieux épis de 10 à 25 cm de long apparaissent garnis d'épillets d'un brun-pourpre argenté. Cueillis avant complet épanouissement, ils conservent bien leur couleur. Le feuillage vert est persistant. L'espèce d'origine produit des fleurs blanc crème avec qui il peut être intéressant de l'associer.

Miscanthus

Dimensions : 0,40 à 2 m et jusqu'à 3,50 m en fleur. **Sol :** tout sol, sec ou très frais. **Exposition :** soleil.

Spectaculaire et d'excellente tenue en hiver, la vaste gamme des miscanthus offre l'un des plus larges choix en matière de graminées ornementales. Que ce soit par la couleur, par la hauteur et surtout par la silhouette, il existe un miscanthus adapté à chaque situation.
En fin d'été, leur superbe floraison est un festival qui se prolonge très tard, assurant encore une belle présence jusqu'au printemps suivant.

Portrait

▲ Miscanthus sinensis 'Zebrinus' s'élargit considérablement au fil des ans, formant une touffe importante.

Le genre est vaste et a donné lieu à de multiples formes dont beaucoup dépassent une hauteur d'homme. Les tiges, jaillissant du sol en touffes denses, sont parées de feuilles rubanées dont les extrémités peuvent ensuite retomber, en évoquant les jets d'eau d'une fontaine. Les feuilles vertes sont au moins marquées d'une ligne médiane argentée plus ou moins discrète. Ces stries évoluent en panachures chez plusieurs variétés de miscanthus. La floraison en panicules lâches de forme caractéristique peut débuter fin juillet, mais la plupart des plantes fleurissent en septembre ou octobre, exigeant pour cela des températures encore relativement chaudes. Une fois fleuries, les panicules mûrissent, changent de couleur, parfois de forme et n'en restent pas moins superbes, tenant bon en hiver au sommet de tiges solides. Après des coloris d'automne souvent remarquables, pourpres, fauves ou cuivrés, les feuilles sèchent et adoptent des tons parcheminés qui resplendissent au moindre rayon de soleil.

En fin de compte, un miscanthus reste décoratif environ huit mois sur douze si l'on ne commet pas l'erreur de le raser dès qu'il fait mine de faner ! On prendra soin au contraire de profiter de sa silhouette hivernale, étincelante sous le givre, irisée de rosée ou énigmatique dans la brume.

▲ Miscanthus sinensis 'Goldfeder' présente une panachure dorée très lumineuse au printemps.

Les inflorescences des miscanthus sèchent en conservant leur forme tout l'hiver.

Les fleurs des miscanthus sont minuscules mais si nombreuses que l'effet d'ensemble peut être spectaculaire, notamment dans les tons rouges.

Croissance et dimensions

Dans la plupart des cas, les miscanthus sont dits cespiteux, c'est-à-dire que la souche s'élargit lentement d'année en année en restant très compacte. Les racines ne sont donc ni traçantes ni envahissantes comme celles de certains bambous. Pour atteindre sa hauteur adulte, la plante demande trois ans environ et, selon sa vigueur, elle s'élèvera à 1 m pour les plus petits miscanthus et jusqu'à 2,50 m, voire davantage, pour les plus hauts. Après la plantation, ne vous étonnez pas si la pousse semble tarder. Elle ne démarre franchement qu'en mai ou juin par temps chaud.

Culture et soins

Mieux vaut planter les miscanthus au soleil, à exposition chaude pour favoriser la floraison. Si celle-ci vous intéresse particulièrement, choisissez en climat rude des variétés à floraison précoce. Le résultat est plus sûr. Une exposition trop à l'ombre fragilise les miscanthus, qui ont alors tendance à s'effondrer. Compte tenu de leur taille imposante, ils apprécient les sols profonds, quelle que soit leur nature. Pour cela, apportez le plus grand soin à leur plantation en ouvrant un trou enrichi de bonne terre de jardin. Une fois installés, les miscanthus résistent bien à la sécheresse, même s'ils poussent plus vite en terrain frais.

Une taille courte est recommandée en début de printemps quand les jeunes tiges sortent de terre. L'épandage de compost et de chaumes broyés sur place constitue un moyen de fertilisation intéressant dans les terres les plus pauvres.

Faites votre choix

Les miscanthus, notamment *Miscanthus sinensis*, sont à l'origine de nombreux hybrides naturels, testés puis sélectionnés pour leurs différents caractères décoratifs. Pour vous aider à choisir, tenez compte des critères suivants :

❊ **la hauteur**, selon l'emplacement prévu au jardin ;

❊ **la silhouette**, car on distingue des formes massives à larges feuilles qui font de bons écrans et d'autres bien plus fines qui s'intègrent plus facilement parmi les grandes fleurs ;

❊ **le feuillage**, au vert dominant ou panaché de blanc ou de jaune ;

❊ **les couleurs**, car certaines formes de miscanthus ajoutent, au vert du feuillage d'été et aux reflets argentés des épis, plusieurs tons de rouge, brun ou pourpre marquant fleurs, chaumes ou feuilles selon la saison.

Les plus grands (au-delà de 2 m)

Miscanthus floridulus (syn. *M. japonicus*)
Hauteur : 2,50 à 3,50 m.
Distance de plantation : 1 m.

Ses larges feuilles rubanées constituent rapidement un écran dense et luxuriant. D'abord vertes, elles prennent des tons cuivrés en automne. Ce miscanthus fleurit tardivement dans des coloris rouge vif, en climat chaud et pas du tout au nord de la Loire, mais les épis devenant gris argenté ne sont pas des plus résistants en hiver. Il est parfois confondu avec un hybride, *M.* 'Giganteus', qui est tout aussi haut.

Miscanthus sinensis 'Cabaret' (2,50 m).
Spectaculaire à feuilles fortes et souples marquées d'une large bande blanche centrale. Ce miscanthus fleurit peu même dans le sud de la France. On le distingue de 'Cosmopolitan', dont les feuilles sont vertes au centre et marginées de crème.

▲ La floraison argentée de *M. sinensis* 'Silberfeder' est assurée dans toute la France.

M. sinensis 'Silberfeder' (1,60 à 2,20 m). Floraison argentée, généreuse dès août en grands épis, feuilles vertes, larges et souples. 'Goldfeder', qui en est issu, possède des feuilles panachées de jaune, notamment au printemps.

▲ Théoriquement marquées d'une large bande centrale blanche, les feuilles de *M. sinensis* 'Cabaret' peuvent présenter quelques variations.

M. sinensis 'Sacchariflorus' (à gauche) fleurit en septembre, bien avant M. sinensis 'Strictus' (à droite).

M. sinensis 'Strictus' (2,20 à 2,60 m). Feuillage vert marqué de bandes transversales émeraude et jaune vif de juin à décembre. Cette variété fleurit à partir d'octobre en épis rouges puis argentés. Les feuilles courtes et raides dressées lui donnent un port étroit typique. 'Giraffe', très haut, et 'Zebrinus', large, présentent des panachures assez voisines.

Les petits (jusqu'à 1,30 m en fleur)

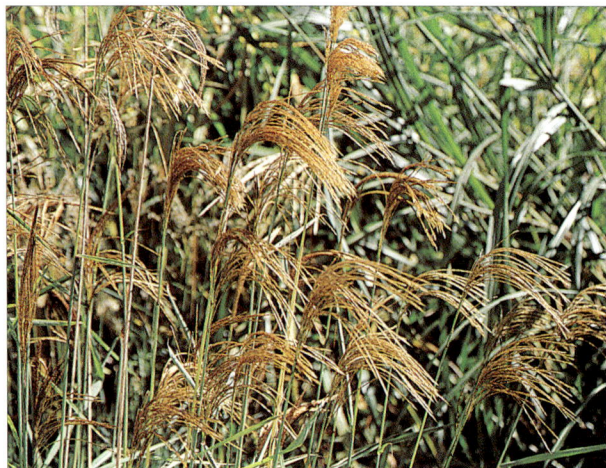

Miscanthus nepalensis

Peu connu, il se distingue par ses épis précieux de couleur vieil or.

Miscanthus sinensis 'Adagio'. Inflorescences roses puis blanches surmontant un feuillage fin et argenté. Port buissonnant.

M. sinensis 'Kleine Silberspinne'

Sa silhouette arrondie très fournie, à feuillage fin, se coiffe en août et en septembre de centaines de petits épis serrés d'abord pourprés puis argentés, au sommet de chaumes bien droits. Il reste décoratif jusqu'à Noël.

M. sinensis 'Purpurascens'

Ses feuilles larges d'abord vertes virent au pourpre en milieu d'été. L'effet est plus affirmé au nord de la Loire qu'en climat chaud. Cette variété présente une floraison irrégulière et tardive.

M. sinensis 'Sioux'

Le plus petit (0,40-0,70 m). Feuilles et inflorescences cramoisies en automne.

M. sinensis 'Yaku Jima'

Fleurs jaunes brillantes réparties sur le pourtour de la touffe. Assez bas mais a tendance à s'arrondir.

Les intermédiaires (de 1,30 m à 2 m)

M. sinensis 'Variegatus' est apprécié pour son feuillage panaché de blanc très lumineux.

M. sinensis 'Punktchen'

C'est une variété récente à feuilles étroites d'abord raides puis retombantes, transversalement zébrées de jaune pâle, du plus bel effet en situation fraîche. Les épis de ce miscanthus sont bien dégagés du feuillage.

M. sinensis 'Variegatus'

Devenu classique, feuillage rayé en long de larges bandes blanches. Tardif, ce miscanthus ne fleurit bien qu'à exposition chaude et tient bien en hiver. La variété 'Dixieland' lui ressemble, en plus petit.

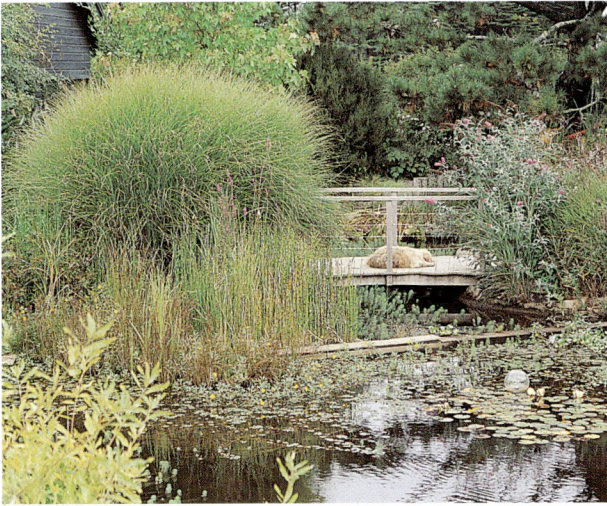

Malgré la finesse de ses feuilles, *M. sinensis* 'Gracillimus' développe une silhouette imposante.

M. sinensis 'Graziella'

Cette variété présente des inflorescences blanches, précoces et très fines, bien au-dessus du feuillage, se mêlant facilement à de grandes fleurs voisines dans un jardin.

M. sinensis 'Krater'

Feuilles retombantes et nombreux épis.

M. sinensis 'Silberspinne'

Port large, feuilles souples. Floraison bronze précoce.

M. sinensis 'Morning Light'

Cette variété de miscanthus présente un feuillage très gracieux et lumineux, finement rayé de blanc et d'argent. Inflorescences tardives, rouges, de bonne tenue hivernale.

M. sinensis 'Gracillimus'

(1,40 à 2 m).
Un classique, gracieux, à l'origine de variétés à feuilles étroites. Touffe dense et port dressé. Sa floraison tardive est plus sûre en climat chaud.

M. sinensis 'Undine'

Cette variété a une croissance rapide. Elle présente un port arrondi et souple. Elle fleuri dès août en épis argentés qui dépassent peu du feuillage vert clair.

Utilisations et associations

▲ Le festival des jardins de Chaumont met en scène de nombreuses graminées. Deux *M. sinensis* 'Gracillimus' sont liées en gerbe pour créer un effet de symétrie.

▲ Scène d'automne : *Miscanthus sinensis* 'Malepartus' domine une haie de dahlias.

U tilisez les plus grands miscanthus pour constituer des écrans, des haies ou masquer une vue. Un ou plusieurs groupes sur la pelouse permettront d'en rompre la monotonie. Associez par exemple trois variétés de tailles et de ports différents. Deux variétés semblables, au contraire, vous permettront de créer des effets de symétrie de part et d'autre d'un passage ou au fond d'une allée en perspective.

Moins gourmands que les arbustes à fleurs, ils peuvent structurer vos massifs de plantes vivaces sans les concurrencer. Les variétés à feuillage fin apporteront une touche gracieuse dans les plates-bandes et se remarqueront quand vivaces et annuelles auront disparu en hiver. Ils seront auparavant de parfaits compagnons pour les grandes fleurs d'automne : asters, hélianthus, rudbeckias, etc.

M. sinensis 'Ferner Osten'

Feuillage fin se colorant à l'automne ; épis pourpres précoces, dès juillet, fournis et plumeux une fois secs.

M. sinensis 'Flamingo'

Feuillage très étroit, léger à croissance rapide et bonne résistance au sec. Floraison rose pâle élégante et pendante.

M. sinensis 'Malepartus'

Larges feuilles foncées marquées de pourpre et généreuses inflorescences proches du feuillage. Belles couleurs d'automne et longue tenue en hiver.

M. sinensis 'Emmanuel Lepage'

Feuillage large et divergent, restant vert très tard. Inflorescences précoces.

Multiplication

L es touffes âgées de miscanthus étant volumineuses, il n'est pas question pour l'amateur de les arracher régulièrement pour les diviser ! Il est plus indiqué de trancher net à la pelle-bêche, en périphérie des touffes, des fragments comprenant de jeunes pousses et leurs racines. Les semis ne reproduisent pas fidèlement les variétés.

Molinia

(Molinie)

Dimensions : 0,30 à 1 m et jusqu'à 2,50 m en fleur. **Sol** : ordinaire, de préférence pas trop sec. **Exposition** : soleil ou mi-ombre.

Une molinie est facile à reconnaître à la hauteur de ses chaumes ou à la finesse de sa floraison, qui lui permettent de se distinguer d'un grand nombre de graminées durant l'été, notamment à partir du mois de juillet. Ensuite, à l'approche de l'automne et jusqu'à Noël, toute la plante adopte des couleurs fauves.

Portrait

▲ *Molinia arundinacea* regroupe les variétés les plus hautes du genre.

C'est à la floraison que les plus hautes molinies commencent à se faire remarquer. Poussant assez tard, elles forment jusqu'en juin des touffes de feuilles effilées, vertes ou bleutées. Seule la petite molinie (*M. caerulea*) resplendit dès le printemps dans son feuillage panaché. Les inflorescences sont caractérisées par une extrême finesse, semblables à des aiguilles pour certaines variétés. L'ensemble de la plante prend en automne des tons roux et dorés très chauds, puis reste décoratif jusqu'à Noël avant de tomber au sol.

Croissance et dimensions

Les molinies cultivées dans les jardins poussent en touffes serrées à la base et non envahissantes. Ce ne sont pas des plantes traçantes.

On en distingue deux espèces de hauteurs différentes. Les plus basses (*Molinia caerulea*) ne dépassent pas 1 m de haut tandis que les variétés de *Molinia arundinacea* se dressent jusqu'à 2 m grâce à des chaumes très fins pliant sous le vent sans casser. Selon qu'ils sont souples ou bien droits, ils donnent aux plantes des silhouettes variables, très étroites ou bien largement étalées.

Culture et soins

Naissant à l'état naturel dans des terres acides, elles s'adaptent à de nombreuses situations dans les jardins. Elles apprécient surtout les sols frais ou du moins qui ne manquent pas d'eau trop longtemps. Dans une terre ordinaire de jardin, quelques arrosages durant l'été en période sèche suffisent à les conserver en bonne forme. Dans le sud de la France, préférez une exposition mi-ombragée qui préservera une certaine fraîcheur. Ailleurs, les molinies vivront bien en plein soleil. Elles résistent au froid et à l'humidité hivernale jusqu'en fin d'année. Ensuite, les chaumes cèdent brusquement à la base et se couchent. Le phénomène varie d'une année à l'autre, en fonction des régions et de la pluviométrie.

Faites votre choix

Molinia caerulea

'Variegata'
Hauteur : 30 à 50 cm.
Distance de plantation : 50 cm.
Son feuillage vert rayé de crème et de doré est déjà bien développé au printemps, puis résiste au chaud et au sec en été. De petits épis violacés puis dorés se forment en juillet et tiennent jusqu'en décembre.

'Edith Dudzus'
Hauteur : 30 à 75 cm.
Distance de plantation : 45 cm.
Forme élancée à fines tiges noires et aux inflorescences légèrement retombantes.

'Heidebraut'
Hauteur : 35 à 90 cm.
Distance de plantation : 45 cm.
Touffe étroite qui se colore bien en automne.

'Strahlenquelle'
Hauteur : 35 à 60 cm.
Distance de plantation : 60 cm.
Plus basse, elle est aussi plus évasée. Port en gerbe. Toute rousse en automne.

De taille modeste et facile à vivre, *Molinia caerulea* 'Variegata' s'intègre facilement dans les massifs de fleurs.

Molinia arundinacea
Ces variétés, plus hautes, forment des touffes plus imposantes et évasées.

'Transparent'
Hauteur : 1 à 1,80 m.
Distance de plantation : 80 cm.
Inflorescences en très fines aiguilles durables jusqu'à Noël. Cette variété se développe bien en sol sec.

'Fontane'
Hauteur : 1 à 1,70 m.
Distance de plantation : 1 m.
Plante imposante pouvant être isolée. Ses chaumes arqués lui donnent un port très évasé.

'Bergfreund'
Hauteur : 0,60 à 1,80 m.
Distance de plantation : 80 cm.
Épis larges et légers. Coloris jaune paille à la fin de l'été. Chaumes tenant en hiver.

'Windspiel'
Hauteur : 0,60 à 1,80 m.
Distance de plantation : 80 cm.
Cette molinie présente une silhouette plutôt étroite et un port dressé.

Utilisations et associations

Se développant en touffes compactes et nettes, les molinies ont leur place dans les jardins les plus soignés. Elles sont précieuses pour donner de la hauteur à une composition. Les fines inflorescences ne dissimulent pas l'arrière-plan et se glissent facilement entre des plantes voisines de même dimension, surgissant çà et là de façon légère. Essayez l'association avec des vivaces hautes à petites fleurs : aster, verveine de Buenos Aires, anémones du Japon... Il serait donc dommage de les dissimuler au fond des massifs. Particulièrement rousses à l'automne, elles seront mieux placées face au soleil couchant afin qu'on profite de leur embrasement. La petite molinie bleue panachée se prête à la réalisation de bordures à l'avant de massif de fleurs. Intégrez-la à l'unité ou par petits groupes parmi des vivaces pas trop envahissantes telles que le lamier maculé 'Aureum' ou la blanche *Campanula alliarifolia* 'Alba'. Vous pouvez ajouter des bulbes de printemps à petites fleurs, comme le narcisse 'Hawera' jaune ou 'Jenny' blanc.

La molinie sauvage

La molinie bleue pousse naturellement en France et en Europe. C'est une habituée des landes humides, où elle forme de grosses touffes toute l'année. Cette graminée doit son nom au ton gris-bleu de ses feuilles.

Multiplier

Il faut procéder par division des touffes ou prélèvement d'éclats en périphérie de manière à conserver les caractères des différentes variétés de molinies. Les plantes qui parviennent à se ressemer ne sont pas toujours semblables au pied mère, c'est-à-dire au pied d'origine. Vous pouvez cependant les récupérer. Le phénomène reste très modéré.

Panicum

Dimensions : 0,80 à 1,50 m et jusqu'à 1,80 m en fleur. **Sol :** tout sol. **Exposition :** soleil.

Le feuillage net, ordonné et bien dressé des panicums contraste avec l'effet flou et vaporeux des inflorescences qui sont parmi les plus légères. Vertes ou bleues en été, les feuilles se colorent en automne puis sèchent en hiver. Quand vous saurez qu'il n'y a guère de plantes plus faciles à cultiver, vous n'aurez plus à hésiter…

Portrait

La finesse des inflorescences de *Panicum virgatum* 'Squaw' crée un effet de flou très troublant.

La floraison intervient en été, début août dans le Sud et plus tard au nord. Les panicules sont à la fois larges et très fines, avec de nombreuses ramifications portant de petites graines en chapelets. L'ensemble forme comme un rideau de perles très aéré au-dessus des feuilles, qui persiste jusqu'en hiver. Les variétés récentes sont très appréciées pour leur feuillage se colorant de tons pourpres en fin d'été ou en automne.

Croissance et dimensions

Poussant en touffe assez dense, les panicums dégagent une impression de vigueur sans rien avoir d'envahissant. Leur développement prend vraiment de l'ampleur quand le temps devient franchement chaud. Le feuillage atteint environ 1 m chez les variétés cultivées. Les silhouettes des panicums sont déjà intéressantes bien avant la floraison.

Culture et soins

Vous aurez du mal à trouver une plante plus facile à cultiver. Sachant très bien résister à la sécheresse, les panicums acceptent cependant de croître et d'embellir dans une plate-bande normalement arrosée et fertilisée, quelle que soit la nature du sol. Pour obtenir de belles couleurs, installez-les en plein soleil à exposition chaude. Cette préférence n'exclut pas une parfaite rusticité : l'humidité et le froid hivernal ne sont pas à redouter.

Faites votre choix

Panicum virgatum 'Squaw'
Hauteur : 1,20 à 1,50 m.
Distance de plantation : 1 m.
C'est une variété récente très prometteuse. Sa silhouette bien dressée est très ordonnée. Les feuilles vertes au revers sont bleutées sur le dessus. Les inflorescences fines naissent pourpres, puis cette couleur peut se généraliser plus ou moins aux nœuds des chaumes et à tout le feuillage.

Panicum et *Physostegia* à fleurs rose vif : un décor assuré pour l'été en terrain frais.

Panicum virgatum 'Heavy Metal'

Hauteur : 1 à 1,20 m.
Distance de plantation : 80 cm.
Variété intéressante pour son feuillage bleu à reflets métalliques et ses inflorescences de couleur beige-rose qui restent bien droites sous la pluie.

Panicum virgatum 'Warrior'

Hauteur : 1,50 à 1,80 m.
Distance de plantation : 1 m.
Plante très rustique et vigoureuse au feuillage également vert et bleu devenant brun à l'automne. Porte de fines inflorescences pourpres.

Panicum virgatum 'Hänse Herms'

Hauteur : 0,80 à 1 m.
Distance de plantation : 70 cm.
Les moindres dimensions de cette variété sont appréciables dans un petit jardin. La floraison est fine et discrète. Le feuillage vert et rouge en été peut rappeler celui d'*Imperata cylindrica* 'Red Baron', avec l'avantage d'une plus grande facilité de culture. Il devient feu en automne.

Les panicums peuvent servir de base à la création d'un massif de fleurs. Les paysagistes parlent de plantes de structure. Remarquables une grande partie de l'année, ces graminées constituent des points de repère ou délimitent des espaces que l'on garnit ensuite avec des espèces plus basses et fleuries. Vous pouvez ainsi les planter à l'arrière de grands sédums ou de bleuets qui ressortiront bien sur leur feuillage coloré. Il vous est aussi possible d'encadrer de panicums des espèces hautes telles que des cosmos, des hélianthus, des asters, des eupatoires (en terrain frais) ou encore de marquer les angles d'un grand massif.

Multiplication

Ces graminées sont des plantes qui peuvent vivre longtemps à la même place. Vous pouvez tenter pour les multiplier de diviser des touffes qui ne sont pas encore très développées ou de prélever des éclats sur le pourtour de celles qui sont déjà âgées.

Pennisetum

Dimensions : 15 à 80 cm et jusqu'à 1,50 m en fleur. **Sol :** tout sol. Bonne résistance à la sécheresse.
Exposition : soleil ou mi-ombre. Chaleur appréciée.

On les surnomme également herbes aux écouvillons en raison de leurs inflorescences remarquables en forme de petites brosses. Signifiant à la fois plume et soie, le nom latin de pennisetum ajoute une dimension esthétique bien méritée. Auréolés de lumière, les épis couronnent des touffes rondes qui se plaisent dans tous les jardins.

Portrait

▲ Pennisetum alopecuroides 'Japonicum' domine par la taille les autres variétés de cette espèce.

De nombreux pennisetums ont en commun leur silhouette évoquant une demi-sphère presque parfaite de feuilles étroites prenant naissance à la base de la plante, d'abord dressées avant de retomber gracieusement vers l'extérieur de la touffe.

Des épis très nombreux se forment en été et vont alors hérisser tout le feuillage de goupillons plus ou moins longs mais toujours très soyeux et reconnaissables entre tous. En soleil rasant ou à contre-jour, les effets de lumière changent en permanence et sont une tentation constante pour le photographe. Teintés de rose ou de brun, les épis changent de couleurs après libération du pollen, mais conservent assez longtemps leur forme en hiver, dominant un feuillage sec.

Croissance et dimensions

Assez serrées à la base, les touffes s'arrondissent en largeur du fait de leur port arqué, mais les rhizomes ne sont pas traçants, sauf ceux de *Pennisetum incomptum*. *Pennisetum villosum* s'étale largement en situation chaude. Quelle que soit la place dont vous disposez, il existe toujours une variété à la bonne taille, notamment dans l'espèce *Pennisetum alopecuroides,* la plus rustique.

Culture et soins

La résistance au froid est variable selon les espèces. *Pennisetum alopecuroides* et ses variétés sont les plus robustes. Ils fleurissent bien sans grande chaleur estivale. Les autres sont plus adaptés aux zones sèches. Ils se plaisent en plein soleil et préfèrent des sols bien drainés qui ne retiennent pas l'humidité au cours de l'hiver. Dans ces conditions, *Pennisetum incomptum,* par exemple, supporte jusqu'à −15 °C. Veillez à conserver les inflorescences durant l'hiver tant qu'elles vous semblent décoratives. Vous pouvez ensuite les couper puis rabattre les touffes de feuilles au printemps.

Si, au bout de quelques années, les plantes fleurissent moins, patientez jusqu'au printemps suivant pour les diviser.

Pennisetum alopecuroides

Choisissez en priorité cette espèce dans les régions fraîches ou froides puis sélectionnez une variété correspondant à l'espace que vous pouvez lui offrir. Floraison en août, durable en hiver.

▶ **P. alopecuroides 'Japonicum'**
Hauteur : 0,60 à 1,20 m.
Distance de plantation : 1 m.
Une terre ordinaire lui suffit, mais cette variété sait profiter d'un sol plus frais et riche pour atteindre tout en rondeur de superbes proportions.

P. alopecuroides 'Moudry'

Hauteur : 60 cm.
Distance de plantation : 50 cm.
Cette variété de penni-

▲ *Pennisetum alopecuroides* 'Japonicum' pousse tout en rondeur et fleurit en gros épis cylindriques de couleur brune.

setum porte des épis particulièrement volumineux. Ces derniers sont nettement teintés de noir et émergent à peine de la touffe de feuilles larges et denses d'un vert très foncé.

P. alopecuroides 'Hameln'

Hauteur : 50 à 70 cm.
Distance de plantation : 60 cm.
Il se pare de nombreux épis soyeux argentés, bien dégagés du feuillage.

P. alopecuroides 'Little Bunny'

Hauteur : 10 à 25 cm.
Distance de plantation : 25 cm.
C'est le modèle réduit de la famille. Les épis sont nombreux mais tout petits.

▲ *Pennisetum alopecuroides* 'Hameln'.

▲ *Pennisetum alopecuroides* 'Little Bunny'.

▲ *Pennisetum incomptum*

Hauteur : 0,80 à 1,20 m.
Distance de plantation : 60 cm.

Cette plante s'adapte à des sols variés et résiste parfaitement à la sécheresse. Très vigoureuse, cependant, elle s'étend par rhizomes et peut assez vite coloniser des zones difficiles d'accès, notamment des talus. Les épis de ce pennisetum, évoluant entre le beige et le brun, sont longs, fins et très gracieux. Précoces en juin, ils ne tiennent pas longtemps en hiver.

▲ *Pennisetum villosum*

Hauteur : 40 à 60 cm.
Distance de plantation : 60 cm.

Moins rustique, il résiste cependant jusqu'à –10 à –12 °C en sol bien drainé, voire pauvre et caillouteux. Il s'étend assez vite en un gros coussin surmonté de juillet à octobre de doux épis d'un blanc laineux qui se renouvellent sans cesse. Vous pouvez en prélever un grand nombre pour agrémenter notamment vos bouquets de roses.

▲ *Pennisetum setaceum*

Hauteur : 0,80 à 1,20 m.
Peu rustique (–5 °C) mais très résistant à la sécheresse, il convient en climat doux. Ce pennisetum est aussi cultivé comme une plante annuelle pour la floraison des espaces verts. Son port très arqué et ses longs épis minces teintés de rose constituent un ravissant spectacle de style champêtre de juillet à octobre.

Utilisations et associations

Aucun jardin ne saurait se passer de pennisetums ! Vous pouvez isoler les plus volumineux pour encadrer un passage ou planter des bordures de toutes les hauteurs sans trop les serrer pour leur permettre de s'épanouir pleinement. Le long d'une allée, la variété 'Japonicum' éblouira vos visiteurs. Associé à des géraniums vivaces et à quelques touffes de gauras, 'Hameln' donnera un nouveau « look » à vos massifs de rosiers. Évitez pour cet usage et dans les plates-bandes en général *pennisetum incomptum*, trop envahissant. Un espace libre plus sauvage lui ira beaucoup mieux, et vous n'aurez pas besoin de l'arroser. Aussi vigoureux, *Leymus arenarius* sera un compagnon intéressant par son feuillage bleu et ses épis rappelant le blé.

Multiplication

Pennisetum villosum se multiplie par semis et se ressème parfois naturellement en terrain sec. Vous pourrez également semer les graines de *Pennisetum incomptum* ou *P. setaceum*. Les autres variétés de pennisetum seront seulement obtenues par division, opération à effectuer au printemps.

Phalaris arundinacea

Dimensions : 40 à 60 cm et jusqu'à 1 m en fleur. **Sol** : tout sol. **Exposition** : soleil, ombre ou mi-ombre.

Les feuillages diversement panachés des phalaris sont parmi les plus décoratifs et les plus lumineux, notamment au printemps. Pour réussir leur intégration dans un jardin, il est toutefois indispensable de ne pas négliger leur caractère colonisateur.

Portrait

▲ Les phalaris sont surtout utilisés pour leur feuillage panaché permettant d'égayer les zones ombragées.

Leurs tiges fines et dressées portent des feuilles souples effilées aux extrémités, en forme de rubans, ce qui peut expliquer leur nom commun de ruban de bergère. Si l'espèce est entièrement verte, les plantes cultivées ont des feuilles largement striées de divers coloris blancs, crème, jaunes et même roses. La floraison en mai ou juin n'est guère spectaculaire et peut même ne pas avoir lieu dans les régions méditerranéennes.

Croissance et dimensions

La hauteur des feuilles varie de 40 à 60 cm. Les épis très fins s'élèvent nettement au-dessus, à près de 1 m. La pousse démarre tôt au printemps et la croissance est alors très rapide. Grâce à des rhizomes traçants, les phalaris colonisent assez vite l'espace autour d'eux, n'hésitant pas à envahir les plantes voisines. Ainsi un jeune plant installé au printemps et provenant d'un petit godet peut occuper facilement 40 cm de diamètre à la fin de l'été en sol sec et cela sans arrosage…

Culture et soins

Tous les sols conviennent aux phalaris, du plus sec au plus frais voire très humide. Cependant, plus la terre est fraîche, plus la plante s'étend. Un sol sec ne fait que ralentir sa progression. Selon la situation, espacez donc plus ou moins les plants de 0,50 à 1 m.
Les panachures des phalaris ont besoin de peu de lumière pour s'exprimer, et trop de soleil ou de chaleur en été provoque un arrêt de végétation et parfois un retour à une couleur plus verte. Il est alors possible de procéder à un fauchage de manière à favoriser la naissance de jeunes feuilles plus décoratives après les chaleurs. Pour limiter l'extension des plantes, vous pouvez procéder à des arrachages réguliers au moyen d'une pelle-bêche qui vous permettra de trancher les rhizomes et de réduire le diamètre des touffes.

✿ **Multiplication :** arrachez des portions de plante au printemps en prélevant à la périphérie des touffes de jeunes tiges munies de leurs racines.

Phalaris arundinacea 'Feesey's Form'

L'autre nom de cette variété est 'Strawberries and Cream' (ce qui signifie « fraises à la crème »), cette expression imagée reflétant les coloris roses et crème de ses panachures. Bien marquées au printemps et par temps frais, elles virent au blanc en été avant de sécher dans des tons d'ivoire. Cette variété pourvue de rhizomes courts semble moins envahissante et se révèle difficile à diviser.

P. arundinacea 'Picta'

Effet très lumineux dû à de larges bandes blanches qui ne laissent que quelques liserés verts sur les feuilles.

▲ P. arundinacea 'Picta' peut égayer le pied d'une haie ou d'un sous-bois en compagnie de feuillages pourpres.

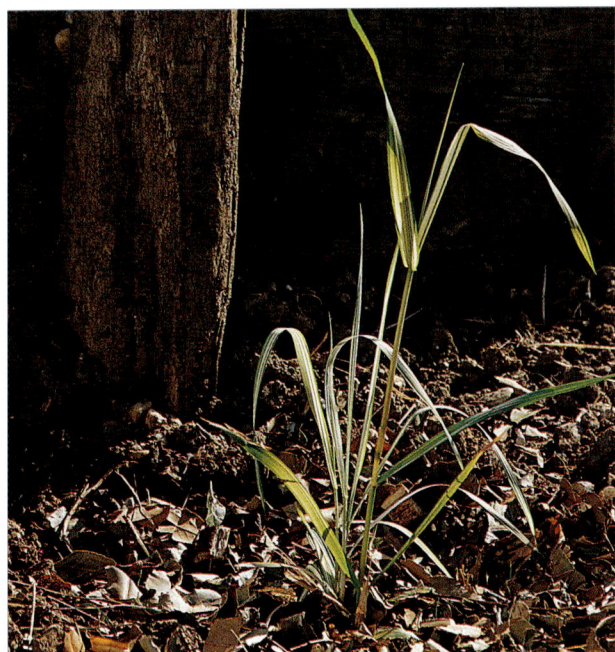

▲ P. arundinacea 'Luteopicta'

Marquées d'un jaune très lumineux au printemps, les feuilles de cette variété de phalaris verdissent en été, surtout quand elles sont en plein soleil.

Utilisations et associations

S'il est toujours possible de contrôler l'extension des phalaris en arrachant les rhizomes excédentaires, cela demande une surveillance attentive et des interventions sévères régulières. Il est plus intéressant de profiter de leur tempérament pour les laisser courir à leur guise dans des espaces libres que vous désirez voir occuper rapidement. Les phalaris pourront ainsi camoufler le pied d'un muret un peu trop neuf ou disgracieux, se mêler aux graminées naturelles d'une zone fauchée occasionnellement, égayer un fossé ou encore une lisière d'arbres au fond du jardin. Ils s'y propageront même en sous-bois, apportant à l'ombre de larges taches lumineuses. Pour ajouter quelques fleurs, n'hésitez pas à leur associer d'autres espèces « galopantes » telles que les lamiers ou les pervenches. Mariez plusieurs variétés pour composer des potées bien remplies, très attractives au printemps. Si par la suite, le feuillage vient à verdir ou à sécher, rasez la plante et placez le pot dans un coin en attendant l'année suivante.

Phragmites

Dimensions : 1 à 4 m. **Sol :** frais à humide. Plante aquatique. **Exposition :** soleil ou mi-ombre.

Les roseaux sont capables de coloniser des surfaces considérables. Ces plantes aquatiques, guère indiquées dans un petit bassin décoratif, sont en revanche de première importance dans la fixation des berges des étangs naturels. Elles contribuent également à la purification de l'eau et sont un abri providentiel pour la faune et le gibier d'eau.

Portrait

Les inflorescences de *Phragmites australis* sont aussi spectaculaires par leur taille que par leurs couleurs.

Les feuilles raides ou retombantes de *Phragmites australis* sont d'un vert bleuté. Les chaumes minces, hauts de 2 à 4 m, portent à leur extrémité, au mois d'août, des inflorescences en panaches, de 20 à 40 cm de long, tout à fait remarquables, évoquant une chevelure rouge pourpré, foncée et mêlée de vert vif. Il est dommage de ne les admirer que de loin car, alors, l'ensemble des deux couleurs ne produit qu'un effet brun.

Leur tenue est excellente durant l'hiver, dans des tons de gris perle surmontant un feuillage sec.

Croissance

Ces plantes aquatiques se développent très facilement. Il faut donc les implanter avec raison dans des espaces privés suffisamment vastes, et ceci d'autant plus que les espèces cultivées sont davantage agressives que les souches indigènes poussant dans un site sauvage.

Culture

Les roseaux ne conviennent pas dans un étang construit sur bâche car les rhizomes pointus sont susceptibles de la perforer... Ils peuvent être implantés sur des berges naturelles et s'étendront d'eux-mêmes dans l'eau douce ou saumâtre jusqu'à 1 m de profondeur.

❋ **Multiplication :** vous pouvez facilement diviser des rhizomes de phragmites au printemps. Vous devrez pratiquer cette opétration régulièrement si vous installez *P. australis* 'Variegatus' dans un conteneur car la plante s'y trouvera rapidement à l'étroit.

Utilisations

Les roseaux ne tolèrent guère de voisins, qu'ils envahissent hardiment. Dans les sites naturels, ils sont exploités industriellement pour la fabrication de toits, de canisses, de papier... Pour un bassin d'ornement, adoptez la variété à feuillage panaché, beaucoup moins envahissante. Pour plus de sécurité, installez cette plante dans un pot et contrôlez la formation des rhizomes qui pourraient s'en échapper.

▲ Quoi de plus naturel qu'une colonie de roseaux au bord de l'eau ! Sachons profitez de ce spectacle en toute saison.

▲ Les inflorescences *de Phragmites australi*s sont colorées en été et de bonne tenue en hiver.

Faites votre choix

Phragmites australis 'Variegatus'
Hauteur : 1 à 2 m.
Distance de plantation : 60 cm.
Beaucoup moins vigoureuse que l'espèce d'origine, cette variété est dotée de longues feuilles décoratives généreusement rayées de jaune dans toute leur longueur. Ses inflorescences sont un peu moins fournies.

Une flûte célèbre

Syrinx, une nymphe grecque pourchassée par le dieu Pan, se serait jetée dans un fleuve et, pour lui échapper, aurait exigé d'être changée en roseau. C'est pour pouvoir malgré tout posséder l'élue de son cœur que Pan aurait fabriqué la flûte portant son nom avec les chaumes de cette plante.

Sesleria

Dimensions : 20 à 30 cm et jusqu'à 50 cm en fleur. **Sol :** tout sol drainé, même sec et calcaire. **Exposition :** soleil ou mi-ombre.

Originaires d'Europe, ces petites graminées séduiront d'abord tous ceux qui jardinent dans de petits espaces. Très robustes, elles résistent à la sécheresse et au calcaire, s'adaptent à la rocaille, offrent des coloris variés et ne sont jamais envahissantes.

Portrait

▲ *Sesleria caerulea* produit son curieux effet bicolore vert et bleu en toute discrétion.

Discrètes et encore peu connues, les seslerias forment de petites touffes très denses, assez basses, possédant pour certaines un feuillage persistant. Les deux espèces cultivées étant assez différentes, elles sont précisément décrites plus bas.

Croissance et dimensions

Ne dépassant guère 20 à 30 cm de hauteur, les touffes s'étalent lentement. Elles sont hérissées lors de la floraison de petits épis dégagés du feuillage.

Culture et soins

Guère exigeantes sur la nature du sol, les seslerias sont particulièrement bien adaptées aux terrains calcaires, qui correspondent à leur milieu d'origine.

Elles se plaisent au soleil ou à mi-ombre, supportent la sécheresse et ne se débrouillent pas mal non plus dans les terres riches et arrosées. Que demander de plus ? Les tailler n'est pas obligatoire. On peut simplement se contenter d'éliminer la végétation desséchée ou les tiges défleuries pour préserver leur beauté.

Faites votre choix

Sesleria caerulea
Hauteur : 20 à 30 cm.
Distance de plantation : 40 cm.
Ses curieuses feuilles, vertes sur le dessus et bleues en dessous, sont disposées de telle sorte qu'on peut toujours apercevoir les deux couleurs. L'ensemble produit un effet givré. Cette graminée basse s'étend lentement en recouvrant le sol. De petits épis foncés à étamines jaunes apparaissent en avril ou mai.

Sesleria nitida
Hauteur : 30 à 40 cm.
Distance de plantation : 30 cm.
Plante très structurée aux feuilles raides d'un vert argenté rare, semi-persistantes. Les inflorescences très précoces au tout

début du printemps forment de petites boules à étamines blanches. Cette espèce est vendue chez quelques spécialistes.

Sesleria autumnalis
Hauteur : 30 à 50 cm.
Distance de plantation : 50 cm.

Utilisations et associations

Les feuilles fines et drues sont disposées en gros coussin d'un jaune vert très lumineux. Cette espèce doit son nom à la floraison tardive, intervenant en fin d'été et donnant lieu à des épis longs et minces, presque blancs, assez remarquables.

niums vivaces, des sauges ou des ancolies.
Associez les différentes espèces pour composer des

bordures originales aux feuillages multicolores et dont la floraison s'étalera sur plusieurs saisons.

Sesleria caerulea produit un effet bicolore vert et bleu qui se marie particulièrement bien avec les feuillages gris et les fleurs jaunes.

S esleria caerulea et S. nitida peuvent former des tapis persistants jusqu'en région parisienne. Les feuilles ne succombent qu'en cas de froid intense. Elles se plairont dans les petits jardins de rocaille en compagnie d'œillets à fleurs roses, de

bulbes d'alliums, de scabieuses et d'armoises (*Artemisia ludoviciana* par exemple). La robe lumineuse de *Sesleria autumnalis* mettra en valeur les fleurs bleues et violacées. Elle peut s'intégrer au premier plan des platesbandes parmi des géra-

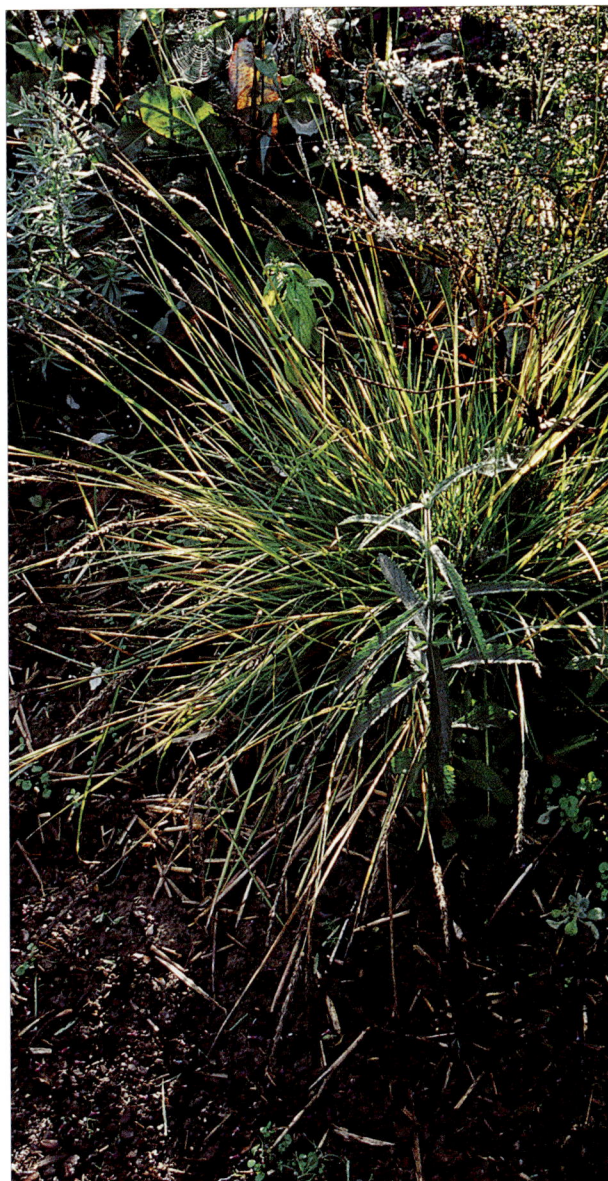

Même défleurie, *Sesleria autumnalis* reste intéressante par sa silhouette et sa couleur lumineuse.

Multiplication

L a division des touffes bien étalées reste la méthode de multiplication la plus facile, à pratiquer au printemps.

Les plus patients peuvent aussi récolter les graines des différentes espèces de phragmites pour les semer en été ou au printemps.

Sorghastrum nutans

Dimensions : 0,80 à 1,50 m. **Sol** : tout sol. **Exposition** : soleil ou mi-ombre.

C'est une espèce naturellement répandue dans les prairies des États-Unis, où plusieurs variétés sont cultivées pour leurs qualités fourragères. Dans les jardins, c'est une remarquable variété à feuillage bleu qui s'impose. Son port royal, ses superbes fleurs et sa longue présence hivernale sont des atouts considérables.

Portrait

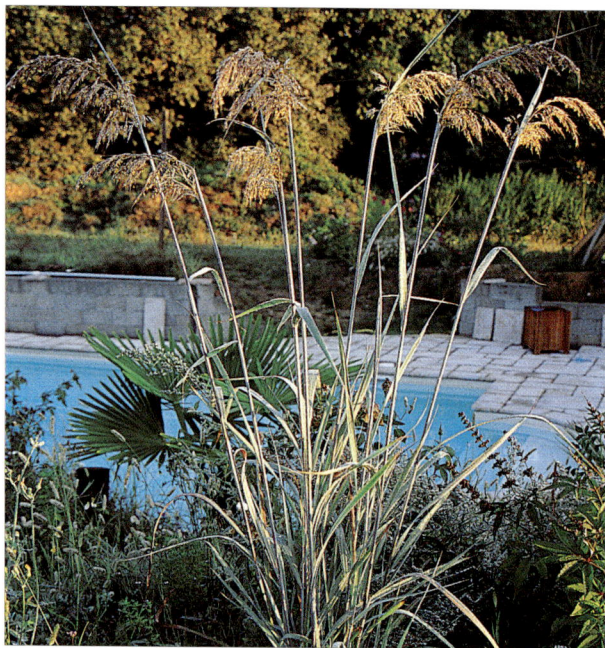

▲ Planté au printemps, ce jeune pied de *Sorghastrum nutans* 'Indian Steel' a déjà fière allure en fin d'été.

L'espèce d'origine verte a donné naissance à la seule variété proposée pour l'instant en France, *Sorghastrum nutans* 'Indian Steel'. Les reflets bleu métallique de ses feuilles sont accentués par les nuances violacées qui habillent les chaumes.

La floraison en fin d'été fait apparaître de grandes panicules brun clair parsemées de fleurs jaunes pendantes. Celles-ci se referment ensuite et conservent leur tenue durant la plus grande partie de l'hiver. Le feuillage devient beige avant de sécher.

Croissance et dimensions

La plante se dresse fièrement, donnant une impression de puissance dès qu'elle commence à pousser en mai et juin. Les épis peuvent atteindre 1,50 m de hauteur. Puis la touffe s'épaissit. Une distance de plantation de 1 m est nécessaire.

Culture et soins

Cette graminée supporte bien l'ombre et se plaît aussi au soleil, quelle que soit la nature du sol, lourd ou léger. Les arrosages lui profitent sans sembler vraiment indispensables. Une fois installée, elle peut supporter la sécheresse. En fait, seule une terre trop riche peut lui donner un port alangui. Au printemps, taillez la végétation sèche au ras du sol. ❁**Multiplication :** divisez les touffes de sorghastrum après la floraison.

Utilisations et associations

Sa silhouette impeccable même sur un jeune plant mérite un emplacement isolé sur une pelouse ou le long d'une allée. 'Indian Steel' peut rapidement donner de la hauteur à une composition végétale dans un jeune jardin de gravier peuplé d'espèces couvre-sol et de vivaces à fleurs jaunes ou bleues, coronilles, catananches, euphorbes et aussi d'autres graminées (fétuques, stipas). L'association convient bien aux jardins de vacances, car toutes ces plantes ne sont guère exigeantes.

spartina pectinata

Dimensions : 1 à 1,20 m et jusqu'à 1,50 m en fleur. **Sol :** tout sol. **Exposition :** soleil.

C'est la plante des conditions extrêmes, celle qui pousse partout, quoi qu'il arrive. Élégante ou conquérante, c'est à vous de choisir. La courbure de ses feuilles et la prestance de ses grands épis sont toujours une grande source d'inspiration.

Portrait

▲ La luxuriance de *Spartina pectinata* apporte fraîcheur et originalité dans cet espace solidement pavé.

La grâce de ses feuilles brillantes est toute particulière. Très longues, souples et retombantes, elles forment comme une jupe bouffante resserrée au pied de la plante. L'ensemble est d'une luxuriante élégance. La floraison produit au mois d'août de larges épis aux fleurs pendantes, vert clair puis beige. Les spartinas conservent bien leur forme en hiver.

Croissance

Ces plantes dépassent assez vite 1 m de haut et peuvent devenir envahissantes dans de bonnes conditions d'humidité. Elles s'étalent alors largement par des rhizomes traçants. La croissance s'effectue surtout par temps chaud.

Culture

En dehors de leurs préférences pour une exposition ensoleillée, tout leur convient. Ces plantes poussent dans tous les sols, secs, frais ou humides. Elles supportent également les sols salins, le vent et les embruns. Comme les phalaris, elles se montrent bien moins envahissantes dans un sol sec. Une taille courte est conseillée au printemps.

✱ **Multiplication :** la division des touffes ou des rhizomes réussit quasiment toute l'année.

Utilisations

Dans un jardin, votre principal souci sera de contenir son extension. En sol sec, cela ne pose guère de problème, mais il est totalement déconseillé de l'intégrer dans une plate-bande de bonne terre de jardin bien arrosée ! L'installer dans un grand bac reste possible, et elle ne pourra faire autrement que de rester à sa place si vous lui réservez un espace planté entre des pavés ou dans un dallage. Elle constituera ainsi un îlot de verdure intéressant pour casser l'uniformité d'une surface minérale.

Votre choix

L'espèce d'origine, *Spartina pectinata*, à feuilles entièrement vertes, a donné naissance à la variété 'Aureomarginata', dont le feuillage est marqué tout du long de lumineuses panachures jaunes bien persistantes.

Stipa

Dimensions : 60 cm et jusqu'à 2 m en fleur. **Sol :** tout sol, de préférence bien drainé en hiver, plutôt sec. **Exposition :** plein soleil.

Souplesse et légèreté : si vous vous sentez concerné par ces deux notions, le genre Stipa va réaliser quelques-uns de vos rêves. Telles des plumes, très aériennes et toujours en mouvement, ces graminées sont de pures merveilles dans un jardin. Ce genre fournit de très bonnes plantes pour les terrains secs.

Portrait

Prolongeant des chaumes fins et souples, les inflorescences rousses de *Stipa arundinacea* lui donnent en plein été un port retombant, gracieux et alangui.

*S*tipa tenuifolia vous séduira au premier coup d'œil par sa chevelure d'ange et vous fera oublier dans l'instant toutes les mauvaises idées reçues à propos des graminées. Vous vous pencherez pour la caresser, et vous voudrez l'installer chez vous sans délai afin de ne plus la quitter des yeux. Qu'en sera-t-il quand vous aurez découvert ses cousines ? Comme elle, la plupart présentent des feuilles très fines enroulées sur elles-mêmes et souvent persistantes. Les graines sont prolongées par de très longs poils (ou arêtes) qui aident à leur dissémination par le vent. Les inflorescences des stipas, parfois semblables à des plumes, adoptent diverses parures des plus gracieuses qu'on croirait véritablement empruntées au monde des oiseaux.

Croissance

Leurs silhouettes sont tantôt dressées, tantôt très larges et arrondies mais toujours souples et bougeant au vent. Les stipas s'étendent très progressivement en largeur par des rhizomes courts, sans envahir. Certaines espèces se disséminent plutôt en semant leurs graines dans les jardins secs, qui leur conviennent.

Culture

Vous les installerez de préférence dans des sols bien drainés car l'humidité hivernale stagnante est l'une des plus importantes causes de perte ou de mauvaise santé. De telles conditions vous obligeraient à les diviser très souvent pour leur rendre une allure tout juste acceptable. Néo-zélandaise, *Stipa arundinacea* occupe une place à part.

Stipa arundinacea
Hauteur : 55 cm.
Distance de plantation : 1 m.
Chaumes et feuilles persistantes sont arqués puis retombants en une touffe bien arrondie adoptant dès l'été des tons roux et cuivrés d'une réelle splendeur. Les inflorescences vont jusqu'à terre et, si vous l'installez dans un grand pot, il sera entièrement dissimulé sous cette chevelure. Cette espèce, qui apprécie douceur et fraîcheur, se plaît dans l'Ouest, mais peut aussi résister en terrain plus sec.

▲ **Stipa brachytricha**

Hauteur : 0,50 à 1,20 m.
Distance de plantation : 1 m.
Vous la trouverez encore parfois dans l'ancien genre *Achnatherum.* On l'appelle herbe aux diamants en raison de ses épis d'un gris rosé scintillant dans la rosée du matin et la lumière. Formant de larges plumets soyeux, ces derniers s'épanouissent en août, restent décoratifs en automne puis en hiver en bouquets secs.

▲ **Stipa calamagrostis**

Hauteur : 0,40 à 1 m.
Distance de plantation : 1 m.
Son port est plus évasé et les chaumes arqués se penchent gracieusement sous le poids de lourds plumets blancs puis bronze. La floraison précoce en juin dure presque toute l'année. Son feuillage fin persistant conserve des tons gris-vert. Cette espèce tolère les sols lourds, mais se plaît d'avantage en terrain humide.

Stipa capillata
Hauteur : 30 à 90 cm.
Distance de plantation : 60 cm.
En été, les panicules agrémentées d'arêtes fines et raides, de 15 cm de long, forment une «chevelure» scintillante et hérissée sur des chaumes tenant bien droits en touffe étroite.

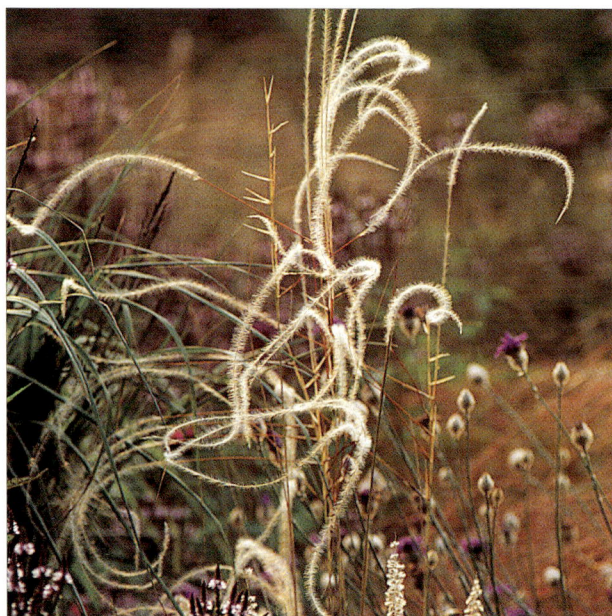

▲ *Stipa pulcherrima*

Hauteur : 60 cm.
Distance de plantation :
40 cm.
Ses très longues arêtes terminées par une « plume » soyeuse dessinent des arabesques dans la brise. Celles-ci persistent sur la plante de juin à août jusqu'à ce que les graines tombent. Récoltez ces dernières et semez-les dans du terreau. Conservez les plumes et mêlez-les à vos bouquets secs.

▲ *Stipa gigantea*

Hauteur :
0,50 à 2 m.
Distance de plantation :
1 m.
D'une touffe discrète de feuilles fines vert bleuté surgissent en mai ou juin des chaumes raides disposés en éventail hissant de grands épis dorés très lâches à 2 m de hauteur. Originaire d'Espagne ou du Maroc, cette graminée sait parfaitement résister à la sécheresse. Néanmoins, elle atteint des dimensions plus imposantes quand elle pousse en terrain riche ou qu'elle bénéficie de quelques arrosages en été. Elle peut alors demeurer décorative jusqu'en octobre.

▲ *Stipa tenuifolia*

Hauteur : 50 cm.
Distance de plantation :
50 cm.
C'est une touffe de feuilles très fines et persistantes coiffée d'épis soyeux et doux au toucher. Cette chevelure beige rosé ondule au moindre souffle de vent. L'effet est assuré jusqu'en octobre. L'hiver, la plante conserve une assez bonne tenue. Installez cette stipe dans un terrain sec et bien drainé.

Les stipas ont besoin d'espace pour s'épanouir et surtout bouger dans le vent. Isolez carrément *Stipa gigantea* dans les massifs de fleurs, par exemple parmi les lavandes, les santolines et les grands sédums, qu'elle dominera avec légèreté avant de se faire oublier. Plantées en groupes, les espèces plus basses créeront des surfaces ondulantes. *Stipa calamagrostis* est parfaite en bordure si vous ne la plantez pas trop près du passage, vers lequel elle va s'incliner avec grâce. Laissez s'arrondir généreusement la rousse *Stipa arundinacea*. Vous pouvez l'isoler pour l'admirer de tous côtés ou la planter au moins dans un angle de massif.

▲ *Stipa pulcherrima* et *Stipa tenuifolia* associées aux fleurs noires de *Scabiosa* 'Chile Black'.

▼ *Stipa brachytricha* toujours superbe en automne.

Multiplier

Les stipas se multiplient facilement par division de touffes. Mais procédez par semis en été ou au printemps si vous souhaitez obtenir un grand nombre de plants. Apprenez surtout à repérer les semis naturels au pied des stipas de votre jardin : *Stipa gigantea*, *Stipa tenuifolia* ou *Stipa arundinacea* sont parmi celles qui peuvent se ressemer le mieux sans que cela ne devienne gênant. Transplantez ensuite les jeunes plants où bon vous semble.

Carnet d'adresses

Groupement des Amateurs de Graminées (GRAMAGR). Contact : Didier MARCHAND, « La Cordonnais », 35560 Bazouges-la-Pérouse. Tél. : 02 99 97 40 85. Site Internet : http://gramagr.multimania.com Le but de l'association est de faire connaître les graminées. Tout adhérent reçoit chaque trimestre le bulletin de liaison de l'association comprenant articles, conseils, annonces, échanges de plantes ou de graines, etc.

Pépinières et jardins

Cette liste n'est pas exhaustive : nous ne signalons que les établissements spécialisés qui proposent un très large choix de graminées et que nous connaissons. Toutes ces pépinières assurent une vente sur place ou en VPC (souvent les deux). Se renseigner au préalable et demander les heures d'ouverture.

Michel Bonfils, Jardin de Planbuisson, rue Montaigne, 24480 Le Buisson-de-Cadouin. Tél. : 05 53 22 01 03. Un étonnant jardin à visiter et une pépinière de collection offrant un large choix de graminées et de bambous.

Sylvie et Patrick Quibel, Le Jardin Plume, Le Thil, 76116 Auzouville-sur-Ry. Tél. : 02 35 23 00 01. Site Internet : http://plume.cjb.net Pépinière de plantes vivaces et de nombreuses graminées. Visite du jardin à partir de juin 2002.

Annie Verdès et Didier Fogaras, Créa'Paysage, allée de la Roselière, Lannenec, 56270 Ploemeur. Tél. : 02 97 85 25 55. Une pépinière de collection spécialisée en bambous et graminées. Autres plantes de bord de mer. Entreprise de paysage, création de jardins privés et publics.

Pépinière Lepage, rue des Perrins, 49130 Les Ponts-de-Cé. Tél. : 02 41 44 93 55. Pépinière spécialisée en plantes vivaces avec large choix de graminées.

Michel Lumen, Les Coutets, Creysse, 24100 Bergerac. Tél. : 05 53 57 62 15. Pépinières de collection en plantes vivaces et nombreuses graminées.

Thierry Denis, Le Jardin du Morvan, 58370 Larochemillay. Tél. : 03 86 30 47 20. Pépinière proposant chaque année une sélection de plantes vivaces et de graminées. Catalogue descriptif très complet.

Pépinière Filippi, RN 113, 34140 Mèze. Tél. : 04 67 43 88 69. Pépinière spécialisée en plantes pour jardin sec, dont les graminées adaptées à cette situation.

Pépinière Alisma, Dominique Albert, 1, route de Taurignan Castet, 09160 Caumont. Tél. : 05 61 66 77 63. Spécialiste de plantes aquatiques et de milieux humides dont une collection de graminées et de carex.

Fournisseurs de graines

B and T world seeds, route des marchandes, Paguignan, 34210 Olonzac. Tél. : 04 68 91 29 63.

Sandeman seeds, 7, route de Burosse, 64350 Lalongue. Tél. : 05 59 68 28 86.

Remerciements

Ce livre étant le fruit d'une collaboration enthousiaste, nous tenons
à remercier toutes les personnes qui nous ont apporté leur aide.
Tout d'abord, le Groupement des Amateurs de Graminées (GRAMAGR)
qui a accepté de parrainer cet ouvrage. Nos objectifs sont communs :
faire connaître « nos chères graminées » !
Nous remercions en particulier Philippe Gontier pour son accueil,
ses conseils et son soutien ainsi que le nouveau président du groupement,
Didier Marchand. Des membres très actifs nous ont fait profiter
de leur expérience dont Gérard Chave, Robert Portal.
D'autres nous ont accueilli dans leur jardin, notamment
Geneviève Dewambrechies en Picardie et d'autres qui se reconnaîtront…
Les meilleurs spécialistes des graminées en France, les pépiniéristes
qui les font naître, les élèvent et les étudient avec amour,
ont bien voulu nous conseiller et nous ouvrir les portes
de nombreux jardins pour nous permettre d'illustrer ce livre.
Nous remercions tout particulièrement :
Michel Bonfils, pépiniériste, ardent collectionneur et membre fondateur
du GRAMAGR pour sa disponibilité et son accueil
au paradis des graminées en Périgord ;
Sylvie et Patrick Quibel, pépiniéristes et génies
du Jardin Plume en Normandie ;
Annie Verdès et Didier Fogaras de Créa'Paysage, pépiniéristes,
collectionneurs, paysagistes et spécialistes de l'accueil breton, sans oublier
tous les propriétaires des jardins qui nous ont reçus chez eux ;
Michel Lumen, très actif pépiniériste-collectionneur en Dordogne ;
Élisabeth et Luc-André Lepage des pépinières Lepage,
fort renommées en Anjou (et ailleurs).

Conception graphique et réalisation :
Jacques Seger

Achevé d'imprimer par IME en février 2002